高职英语教学与教师发展研究

李进斌 著

中国纺织出版社有限公司

图书在版编目（CIP）数据

高职英语教学与教师发展研究／李进斌著 . -- 北京：
中国纺织出版社有限公司，2024.4

ISBN 978-7-5229-1706-1

Ⅰ.①高… Ⅱ.①李… Ⅲ.①英语-教学研究-高等
职业教育 Ⅳ.①H319.3

中国国家版本馆 CIP 数据核字（2024）第 078811 号

责任编辑：张　宏　　　责任校对：王蕙莹　　　责任印制：储志伟

中国纺织出版社有限公司出版发行
地址：北京市朝阳区百子湾东里 A407 号楼　邮政编码：100124
销售电话：010—67004422　传真：010—87155801
http：//www. c-textilep. com
中国纺织出版社天猫旗舰店
官方微博 http：//weibo. com/2119887771
河北延风印务有限公司印刷　各地新华书店经销
2024 年 4 月第 1 版第 1 次印刷
开本：710×1000　1/16　印张：13
字数：195 千字　定价：98.00 元

高等职业教育在我国的教育发展规划中，承载着职业教育"大力发展"和高等教育"提高质量"两大战略使命，职业教育领域的教师教育重要性日渐凸显。高职教育面临着前所未有的挑战和机遇，经济快速发展，技能人才需求旺盛，而我国长期形成的重普通教育轻职业教育的状况，导致职业教育师资力量薄弱，专业发展水平不高。

本书从高职教育入手，浅谈了高职英语教师教学及职业发展的相关问题。英语教育必须借助现代教育理论的正确指导，在实践经验的基础上进行方法论探究，从而建立科学的理论体系，找到行之有效的教学方法。近年来，我国英语教育教学研究呈现出新的发展趋势，对专业建设、课程设置、教学改革和现代化教学手段的研究日益凸显，研究重点由语言知识的习得转向如何将语言知识转化为语言能力。另外，教师专业发展研究取得了长足的发展。作为占据高等教育领域"半壁江山"的高等职业教育，近年来逐渐受到社会各界的密切关注。高职英语教育教学的新特点要求我们不断研究和探索，以适应高职教育蓬勃发展的新形势。

本书理论联系实际，共分七章展开阐述，第一章高职英语教师的职业发展概述，从国际国内高等职业教育发展以及中国高职教育对教师素能的要求、高职英语教师职业发展规划路径等方面概述了职业教育的发展；第二章高职英语教师的职业发展现状，分析了高职院校专业英语教师专业发展的问题及原因，并进一步分析了高职英语教师的转型趋势和高职英语教师的专业素质；第三章从任务型教学的角度，阐述了高职英语教师的专业发展；第四章重点阐述了有关高职英语教师职业素养的相关理论，并对提升高职英语教师职业素养给出了对策建议；第五章从高职英语教师合作学习、大数据背景下的高职教师发展、高职教师专业发展路径等方面分析了高职英语教师的职业发展规划；第六章从职教本科背景下高职教师的学习力、信息化背景下职教本科专门用途英语教学模式、本科职教化背景下的高职教育升级趋势三个角度，分别论述了职教本科背景下高职英语教师团队建设；第七章以数智时代高职英语教师的信息化教学为出发点，分析了高职院校进行英语教师信息化教学的团队建设。

由于作者水平有限，本书难免存在不足和问题，敬请读者批评指正。

李进斌

2023 年 1 月

目录/Contents

第一章　高职英语教师的职业发展概述

第一节　国际国内高等职业教育发展概述

为向世界介绍中国职业教育发展经验，2022 年 8 月 20 日，教育部发布了《中国职业教育发展白皮书》。

白皮书介绍，职业教育是国民教育体系和人力资源开发的重要组成部分。发展职业教育已经成为世界各国应对经济、社会、人口、环境、就业等方面的挑战，实现可持续发展的重要战略选择。进入新时代，中国政府高度重视职业教育发展，把职业教育摆在经济社会发展和教育改革创新更加突出的位置。经过长期的实践探索，中国形成了独具特色的现代职业教育发展范式。

白皮书指出，现代化是人类历史发展的伟大变革，是以工业化为核心，推动经济增长、思想革命、制度创新和社会转型的发展历程。中国式现代化是具有几千年农业文明大国的现代化，是超大人口规模的现代化，是经济、社会、文化、教育的全面现代化。中国职业教育与中国现代化共生发展，对服务经济发展、促进民生改善、优化教育体系、增进国际交流发挥重要作用，在面向世界的现代化进程中做出了不可替代的贡献。

白皮书指出，2012 年以来，中国政府把职业教育作为与普通教育同等重要的教育类型，不断加大政策供给、创新制度设计，加快建设现代职业教育体系，构建多元办学格局和现代治理体系。中国职业教育实现由参照普通教育办学向相对独立的教育类型转变，进入提质培优、增值赋能新阶段。

白皮书表示，中国把职业教育定位为国民教育体系和人力资源开发的重要组成部分，充分发挥中国特色社会主义制度优势，政府主导与市场引导相结合、发展经济与服务民生相结合、教育与产业相结合，构建起现代职业教育发展的制度体系，形成了职业教育发展的中国模式，为中国式现代化发展道路注入了强劲的职教力量。

白皮书强调，搭建合作交流平台，与世界共享中国职业教育改革成果是我们的美好愿景。中国将一以贯之地坚持对外开放，以国际视野兼容并蓄，以国际胸怀开放合作，深度融入世界职业教育改革发展潮流，积极构建国际化交流平台，致力消除贫困、增加就业、改善民生，在力所能及的范围内承担更多责任和义务，为全球教育治理贡献中国方案，为推动构建人类命运共同体贡献教育力量。

中国的高等职业教育从清末癸卯学制算起，已有一百多年历史。20 世纪 80 年代初到 90 年代末，这 20 年间对高职教育的研究从未间断。中国期刊网的搜索结果显示，关于高职教育的文章 20 多年来共有 7476 条，而且 70% 的文章都发表于 2000 年之后。各类高职书籍已出版百余部。"九五""十五"期间全国教育科学规划课题中有关高职的共有 57 项，"十五"比"九五"多 47 项。2001 年，教育部 34 项重点课题中，高职占了 8 项，接近 1/3。这说明高职已受到社会各方面的关注，从 2000 年以后开始形成研究热潮。

一、国内高等职业教育发展的研究现状

（一）研究概述

近几年，国家对高等职业教育越来越重视，高等职业教育也实现了跨越式发展，开始有越来越多的学者关注有关高等职业教育发展的问题。早期的《教育与职业》《中国人民大学复印刊资料〈职业技术教育〉》等都是国内比较权威的学术期刊，其刊载的有关高职教育发展的论文在一定程度上代表了我国高职教育的研究水平。笔者以高等职业教育的发展为主题对 CNKI 进行了模糊检索，发现仅 2000—2014 年就有 15 382 篇，且在数量上呈逐年递增的趋势。从研究方法来看，有文献法、比较研究法、案例分析法等；从研究内容上看，主要有高等职业教育发展的背景、高等职业教育发展的定位、高等职业教育发展的特色、高等职业教育发展的现状以及策略，等等，且研究内容的范畴已经开始从发展的内涵、背景等基本理论问题，逐渐深入对发展的途径、策略等满足社会需求、与经济发展互动以及促进人的发展的共同趋向问题上。

1. 高等职业教育发展的背景研究

我国高等职业教育的发展有其深刻的背景。姜大源认为，"中国在经济

发展的后危机时代凸显出三大变化：经济结构形态的变化、经济增长方式的变化以及经济制约因素的变化。在这诸多因素的影响下，新能源产业、环保产业、新一代 IT 产业以及绿色制造业、文化传媒业、医药保健业、现代农业的兴起，都对职业教育提出了新的要求"。王振洪认为，当前我国高等职业教育取得的两大成就是适应了当前我国经济社会发展与教育相关的两个转型，即中国经济社会从"人口红利"向"人才红利"的转型以及我国高等教育从"精英教育"向"大众教育"的转型。但是，这不单单是经济社会与教育发展的简单转型，在这两个转型的背后，更多的是蕴含着社会对人才需求结构的深刻变化。因此，"以培养技术技能型人才为目标、追求与区域经济社会紧密适应的高职教育，必将成为我国高等教育体系中极其重要的版块。"从研究内容上看，研究者对高等职业教育发展的背景已经有了较为全面和深入的认识。

2. 高等职业教育发展的定位研究

定位问题关系到高等职业教育未来的发展方向，主要包括认识定位、发展定位。1998 年，中华人民共和国第九届全国人民代表大会常务委员会第四次会议通过并颁布了《中华人民共和国高等教育法》，其中有关于高等职业教育的明确定位："本法所称高等学校是指大学、独立设置的学院、高等专科学校，其中包括高等职业学校和成人高等学校。"可见，高等职业教育是区别于本科教育的不同类型和不同层次的教育。潘懋元教授指出："首先要从观念上明确，职业教育是一个系统，而不是一个层次。"姜大源教授则进一步提出类型和层次的概念，明确高等职业教育是教育层次中的一个类型，高等职业教育是高等教育中的一个类型；高等职业教育是教育类型中的一个层次，即高等职业教育属于职业教育中的较高层次。查吉德认为，无论高职教育姓"高"还是"职"，都应将它完全纳入我国的高等教育体系中，而不应该把高等职业教育贴上"职业性"标签，过于突出其与普通高等教育的区别，否则会造成事实上的高等教育"双轨制"。无论高等职业教育姓"高"还是姓"职"，这些研究者已经从认识上明确了高等职业教育的定位，即高等职业教育是一个具有中国特色的概念，是我国高等教育的一部分，是职业教育框架下的较高层次。我国教育部等六部门印发的《现代职业教育体系建设规划（2014—2020 年）》中明确指出现代职业教育培养的是"数以亿计的工程师、高级技工和高素质职业人才，传承技术技能，促进就业创业，为建设人力资源强国和创新型国家提供人才支撑"。因此，高等职业教育就是要培养我国经济建设需要的高层次技术技能型人才。

3. 高等职业教育发展的特色研究

人们已经普遍达成共识，认为高等职业教育拥有职业和高等教育的双重属性，因此有不同于其他教育的特点。马树超等提出，中国特色的高等职业教育必须重视融入产业要素、行业要素、企业要素、职业要素和实践要素这五个要素。首先，区域经济发展对高技术技能人才的需求是我国高等职业教育发展的主要动力，高等职业教育的发展要紧贴区域经济的发展，与区域性的产业发展对接；其次，在运行机制和人才培养过程中，要加大行业的参与度；推进校企深度合作，吸引更多企业积极地参与到高等职业教育的发展过程中，并且高职院校要主动将企业要求、行业标准具体地反映到教学过程中；再次，确立"以服务为导向，以就业为宗旨"的办学方针，将"工学结合"作为人才培养模式改革的切入点，加强"双师型"结构的专业教师队伍建设；最后，强化实习、实训等实践环节。马树超的这些研究，以高等职业教育的内在特征为切入点，围绕高等职业院校的办学实践，突出强调了高等职业教育在办学模式以及体制机制等方面的特色。

4. 高等职业教育发展的现状及策略研究

研究者只有对高等职业教育发展的现状进行研究，找出问题，提出对策，才能更好地为高等职业教育未来的发展提供经验和依据。

在人才培养方面，卢志米认为，现阶段我国高等职业院校培养出来的人才还，无论是数量、质量还是结构均不符合经济社会发展对人才的实际需求，并进一步提出"充分整合社会资源，积极推进产教共融、深化校企合作、创新体制机制，赋予高职院校自主权、提高高职教师专业化水平"等对策建议。浙江省金华职业技术学院院长王振洪就"校企合作"展开深度讨论，认为解决当前我国"校企合作"困难现状的最好途径是形成校企利益共同体，校企利益共同体就是在价值观念和目标上有共同取向的高等职业院校和企业，在保证双方利益的基础上，由学校或学校的一个优势专业或专业群与区域内相关行业领域内产业链长、成长性好的企业集团或多家企业共同建立的联合实体。在高等职业教育发展模式方面，朱雪梅在国际比较视野下对美国、德国、澳大利亚三国的高等职业教育发展模式进行了研究，详细分析了美、德、澳三国的高等职业教育发展模式及发展背后的政治、经济、教育等影响因素，指出不同高等职业教育的发展模式反映了不同国家的社会经济和教育等方面的不同需求，但是它们之间却存在共同点，即高等职业教育服务社会的目标逐渐走向多元化；高等职业教育与学术教育的界限也已不那么泾渭分明，两者的融合度越来越高，总结和分析这些典型的高等职业教育发展模式，对于进一步推进我国高等职业教育的发展有极具重要的意义。综合这些研究，研究者对我国高等职业教育发展的现状有了较为深刻的认识，提出的对策建议对研究河北省高等职业教育的发展有很大的借鉴意义。

（二）以高职发展动因、内涵和办学途径等基本问题为焦点的早期研究

从研究成果的数量看，2000 年是个分水岭。这一时期关于高职的论文和书籍虽然不多，却是高职理论的重要奠基期，对高职的恢复与发展动因、内涵和办学途径等基本问题进行了探索，澄清了人们关于高职的基本认识。有些成果对高职的实践发展产生了重要影响。

1. 关于高职发展动因的研究

高职为何会在 20 世纪 90 年代的中国得到较快发展，是这一阶段研究的热点问题。多数研究把它归结为经济发展，认为由经济发展导致的对人才知能结构需求的升级是根本动因。石伟平教授对高职发展动因的归纳可为代表：①经济原因。科技进步与生产中高科技含量的增加，要求提高一般劳动者的职业素质，以满足经济发展对高级职业人才的大量要求。②社会原因。在失业问题已经相当严重的情况下，为了缓解劳动力市场的就业压力，避免高失业率带来的大量的社会问题，扩大"高职"规模，以推迟相当一部分人的初就业时间。③教育原因。在高校入学日趋激烈的情况下，为了分流，减轻本科高校升学压力而大力发展"高职"，也是为了满足民众的大众化高等教育的需求（李振波，石伟平，1998 年）。

2. 关于高职内涵与办学途径的研究

1994 年，《中国职业技术教育》第 3、4、5 期连续发表多篇文章，讨论高等职业技术教育的内涵、实施和发展问题，这充分说明了这一时期对这些问题的关注。尤其是关于高职内涵的研究是这一时期的热点。这是发展高职的关键问题，至今仍没有得到比较一致的看法。杨金土等认为高等职业教育主要是高等技术教育，并借助人才结构理论对其进行了说明。他认为社会人才主要有四类，即理论型人才、工程型人才、技术型人才和技能型人才。高

职的培养目标主要有三种类型，即高层次的技术员类人才、有一定实践技能又有一定专业技术的"技师型"人才和管理人员，其中技术型人才是最主要的。在办学途径上，他们认为主要有国家、地方政府或社团办学；产业、行业、企业办学；社会团体、私人办学；各种形式的联合办学，包括引进国外资金所实行的联合办学等。调动各方面的办学积极性，来大力发展高等职业教育（杨金土，孟广平，严雪怡等，1999年），这是对高职概念和办学途径的一个比较完整的论述。关于高等职业学校叫什么名称的问题，有研究者建议，根据我国实际和国际上流行的称谓，可以称"技术学院"或"技术大学"，其理由有二：一是这类学校的培养目标主要是技术人员和管理人员，所进行的教育通常叫"技术教育"。现在我国统称职业教育，实际上涵盖了技术教育。二是与国际上接轨和交流。联合国教科文组织把这类教育称为"技术与职业教育"，许多国家都采用了"技术学院""技术大学"这样的名称（马海泉，1994年）。

关于高职姓"高"还是姓"职"这一问题，原上海第二工业大学的吕鑫祥教授的观点比较有代表性。他认为，"可以对高职作以下阐述：一是高职是培养技术型人才的教育，包括学历教育与非学历教育两部分。二是高职的学历教育可以有很多层次：大学专科、大学本科和研究生层次。我国当前高职教育大部分为大专层次，它与我国高专教育的主要特征是相同的，同属国际教育标准分类中的第五层次教育，因而都是我国高等教育的组成部分。三是高职的非学历教育是一个形式多样、内容广泛、幅度较大的领域，其主要方面是职业资格证书教育和技术培训"（吕鑫祥，1998年）。

除了这些基本问题的研究外，这一时期还有不少关于高职的比较研究及中、高职衔接的研究。比较研究主要集中在对国外经验的介绍上，美国高等职业技术教育（夏明，1994年），日本的高等教育政策与高等职业教育（韩民，1995年）等。这些研究主要集中在对国外高职教育的静态剖析，其目的是希望从国外高职教育的发展中找到我们可以借鉴的经验和教训，在我国恢复发展高职教育的初期，这些研究成果是非常必要的。全国教育科学规划课题的主要关注点在高职的定位和与中职的衔接上，如初等、中等、高等职业技术教育的衔接及与普通教育相互沟通的研究，高等工科职业教育基本规律及运行特征的研究和实践等。

（三）以人才培养模式和学制改革为焦点的中期研究

2000 年以后，随着高职规模的迅速扩充，理论界和实践界均意识到，高职发展必须从规模扩充转向内涵建设，必须突出特色。在这一基本认识下，高职人才培养模式与专业建设成了这一时期研究的焦点，时间大致持续到 2004 年。

从 2002 年起，国家教育行政部门连续召开 3 次全国高等职业教育产学研结合经验交流大会。经过三次会议的研讨，"以服务为宗旨，以就业为导向，实行产学研结合"被认同为中国高等职业教育发展的基本定位和必由之路（葛道凯，2004 年）。这一时期，对产学研结合的讨论和研究达到高潮。教育部高等教育司和中国高教学会产学研合作教育分会编写的《必由之路——高等职业教育产学研结合操作指南》集中反映了这一成果。

这一时期，有三分之一的研究涉及了产学研问题。2003 年 8 月，在中国高等职业教育研究会六届三次常务理事会上，教育部高教司高职高专处处长李志宏指出：要"大力推进产学研结合的发展道路"，强调调整专业结构，面向就业市场进行专业设置，加强学校与企业、行业的密切结合，推行"订单式"的培养。产学研的研究从方方面面开始进行，包括高等职业教育产学研合作的经济动因（薛培军，2003 年），中国产学研合作的产生、发展过程和趋势（吴继文，王娟茹，2002 年），国外产学研合作教育及其给我们的启示（全国产学研合作教育协会，2004 年），学校经验性研究，例如，《坚持产学研合作，培养应用型人才》主要介绍了上海第二工业大学产学研合作的经验，等等。可以说，这一阶段从各个方面对我国高职发展实行产学研的办学形式进行理论准备和实践总结。黄尧认为，职业教育实行产教结合，是《职业教育法》和《中国教育改革与发展纲要》的明确要求。实施产教结合是职业教育的本质特征，是职业教育的特色体现，是我国职业教育发展的成功经验，也是国际社会职业教育发展的基本模式和发展趋势。这当然也包括对高职产学研合作人才培养模式的肯定。通过这些研究我们发现，在对高职人才培养模式的探讨上，产学研合作已经成为职业教育发展的一条主线和一种明确的办学形式，并成为当前职业教育不可或缺的办学"支柱"。

这一时期另一个研究焦点是高职学制问题教育部等七部门联合颁发的《关于进一步加强职业教育工作的若干意见》明确提出，高职的基本学制以两年为主，并将在两至三年内落实到位，由此在学术界掀起了关于高职学制改革的研讨。有研究者认为，试行两年制有利于使高职人才培养模式和课程体系完成一次翻天覆地的改革，形成我国高职教育的特色。因为，实行两年学制，会迫使我们冲破原来的体系，探索新的人才培养方案，构建新的课程体系，创新人才培养模式，从而走出一条培养应用型人才的成功之路，这对我国高职教育的发展将是一大贡献（俞克新，2005 年）。也有研究者认为，高职学制的三改二，虽然有诸方面的积极意义，但它可能给高职教育带来冲击和不利的影响。例如，可能导致高等职业教育社会地位的下降，加大社会就业压力，培养目标的实现难度加大，对师资队伍素质的要求提高，学校教育成本提高，竞争加大（朱光应，2005 年）。多数研究者则认为，高职学制的长短应根据具体专业人才培养目标实现的需要而定，不可一刀切。出于某些原因，关于这一问题的探讨主要是在一些正式和非正式学术讨论场合进行的，论文形式的研究成果并不多。

学制问题的另一方面是高职专升本问题。一些研究者认为，当前我国高职教育学历的最高层次局限于大专，本科层次的高职教育是否发展是关系到我国学制在新的历史时期改革与发展的"关键问题"，教育学论文《近二十年高等职业教育研究综述》（http：//www.unjs.com）对此有明确论述。借鉴国外和我国台湾的经验，以及对我国现实情况的分析，对于极少量现有办学条件优越的高职院校，可在严格审核的基础上使它们升格为技术本科。有些研究者主张我国应当创办本科层次的高职教育，以后还要创办硕士、博士层次的高职教育。

但是，面对可能带来升本热这一问题，研究者们指出，在高职院校升格为本科的过程中，一定要严格审核，以确保技术本科的办学质量，要杜对各地高职院校升格为技术本科过程的失控。对于高职院校升格为技术本科的审核，要特别指出的是，所确立的标准必须是技术本科自身的标准，而不是传统学术性大学的标准。这就要求对技术本科的办学标准进行认真研究（石伟平，徐国庆，2003 年）。

这一时期另一个比较集中的问题是关于高职人才培养目标的定位。第一个阶段通过大量讨论达成了一个共识，即高职要培养技术应用型人才。但是，2004 年 7 月的"南京会议"把高职培养目标明确定位为高技能人才，由此掀起了一场讨论。这一定位和教育部倡导的以就业为导向的职业教育办学方针有密切关系。有研究者认为，技能型人才的要求相对较低，主要从事实际操作性工作，这是中等职业教育培养的范畴。另一些研究者则认为社会需要大量高技能人才，中职由于入学基础及条件所限，不能达到对这类人才的基本要求，因此高职要承担培养高技能人才的任务。所以，高职培养目标的定位必须包括高级技能型人才，尤其是在当前，应是高职培养人才的主要任务（俞克新，2004年）。有研究者则采取了综合观点，认为21世纪初我国高等职业技术教育所培养的人才应包括职业型、技术型、应用型，并提出如果高职培养目标仅仅定位于高技能人才，那么就会出现技术型人才由谁来培养的问题（黎琳，2004年）。杨金土、孟广平在对一、二、三产业的部分企业进行调查的基础上，认为高职培养目标不应仅仅定位在技术应用性型人才上，我国高等职业教育的主体仍然是高等技术教育，其基本的培养目标以技术型人才为主。同时认为在目前和今后的一定时期内，我国高等职业教育将以专科层次为主，但不限于专科层次（杨金土，孟广平等，2002年）。

伴随上述问题的讨论，高职比较研究的内容也在深入。例如《当代国际高等职业技术教育概论》一书的内容就涉及了历史、学制、办学现状、办学特点、管理体系等（姜蕙，2002年）。另外，例如《21世纪高等职业教育的发展趋势及我们的对策建议》中总结了新世纪的背景特征，并提出了高职未来发展的几大趋势：高职机构高移化、模式多样化、发展规范化、目标国际化和教学现代化等（周耀华，2002年）。还有《高等职业教育的国际比较研究》（黄鸿鸿，2003年）一文中提出了高职的层次高移化使得职业教育体系更完善、高职成为终身教育的重要组成部分、高职与社会经济发展联系更加密切三大趋势的观点。《高等职业教育发展与变革之比较研究》（匡瑛，2005年）是这一领域的一个比较完整的研究成果。

（四）以高职特色课程建构为焦点的近期研究

2004年至今，高职研究的焦点问题又发生了重大转换，即转向了更加具体也最困难的高职课程与教学模式研究。理论界和实践界均逐步认识到，高职一切问题的核心是课程问题。无论是高职定位、专业建设还是人才培养模式，最终只有在课程中才能得到很好说明，也才能得到实现。教育部精品课程的评比，以及高职对特色的强烈渴望，是高职课程改革高潮兴起的直接动力。基本研究取向是如何摆脱本科压缩式的学科课程模式，突出对学生实践能力的培养。大量以高职实践教学体系为主题的论文均可归入这一类。

由于以特色追求为直接动力，学者们非常强调建立有中国特色的高职课程模式。影响比较大的是项目课程的理论研究与实践。许多高职学院在自我探索项目课程的过程中，也进行了一些理论概括和总结。徐国庆是目前致力于这一领域的学者之一。他认为项目课程是职业教育课程的本质特征，因为一方面，高职教育的目标是要把学生导向工作体系，而工作体系是与学术体系相并列、性质完全不同的一个体系；另一方面，职业知识的表征方式与学术知识不同，职业知识是以工作任务为载体的，因此高职课程应当以工作任务为中心，采取工作逻辑来开发课程体系。他认为项目课程是以通过对工作体系的系统化分析所获得的工作项目为单位设置课程，并组织课程内容的职业教育课程模式。它具有综合性、完整性、相对独立性的特点，不同于技能单元的模块课程，有利于体现高职的职业性和高等性，应当成为高职课程改革的基本方向。在理论研究的基础上，他还设计了细致的项目课程开发方法。其中一部分思想反映在《实践导向职业教育课程研究：技术学范式》一书中（徐国庆，2005 年）。

另一项比较有代表性的成果是《点击核心：高等职业教育专业设置与课程开发导引》（高林，鲍洁，2004 年），该著作在一般课程理论的指导下，充分借鉴了国际先进的职业教育课程模式及其开发方法，尤其是澳大利亚和德国的经验，同时结合我国的国情，在已有职业教育课程模式的基础上，试图探索高等职业教育课程新模式及开发方法；提出高等职业教育的课程设计应以满足产业界的需求为宗旨，即以就业为导向。以新的职业能力内涵为目标构建工作过程系统化的课程体系，称为就业导向的职业能力系统化课程，其课程设计方法称为就业导向的职业能力系统化课程开发方法，简称为 VOCS-CUM 课程和 VOCSCUM 课程开发方法。

（五）高职研究的特点和展望

以上综述仅仅是高职教育研究中的冰山一角。除了这些比较重要、颇受关注的成果外，实际上，高职研究已涉及了高职教育的方方面面，如师资队伍建设、实训基地建设，等等。分析这些研究的特点，有利于更好地展望未来。

1. 研究问题与高职实践发展结合紧密

本文把高职研究划分成三个基本阶段，而这三个阶段正好是我国高职实践发展的三个关键时期，且每个阶段的问题焦点正是高职实践发展非常关注的。由此可见，高职的研究问题与实践发展是完全同步的。实践中的许多问题，如高职培养目标定位、学制改革、课程改革都及时引起了学术界的热烈讨论。这是高职研究非常健康的一面。

2. 经验性、工作性研究成果偏多

高职研究也存在不少问题，突出表现为经验性、工作性研究成果偏多，许多成果或是经验总结，或是工作报告。理论水准有待提升，尤其缺乏对高职理论系统建构的成果。对高职特有规律把握得也不够，许多研究比较注重高职职业性的一面，对其高等性的一面关注不够。当然，这和高职研究的历史短暂是有密切关系的。

3. 开始形成相对独立的研究队伍

研究发展的重要方面是研究队伍建设。除了大量关注高职问题的综合性研究者外，相对独立的高职研究队伍正在逐步形成。大多数高职学院建立了"高职研究所"或类似研究机构，许多职业教育学博士点、硕士点设立了高职研究方向，出现了一些以高职为专门研究对象的研究者。但从总体上看，高职研究队伍还非常薄弱，专门化的学术研究团体尚显不足。

总之，高职教育实践发展迫切需要理论研究的提升。未来的高职研究在继承密切联系实践这一优良传统的同时，有必要加强研究队伍与学术团体建设，并提高基本理论问题的研究水准。

二、国外高等职业教育发展的研究现状

尽管对高等职业教育的称谓不一样，但是高等职业教育却是世界上许多国家共有的一种教育形式。"高等职业教育"的范畴，按国际教育标准分类（ISCED），主要为 ISCED5B，属于第三级教育——中学后教育，与普通高等教育（5A）相对。

在西方，职业教育是培养熟练工人、半熟练工人的教育高一层次的职业教育一般称为技术教育。发达国家如美国、德国、澳大利亚等，开展职业教育的时间比较长，不仅对高等职业教育及其发展研究较为深入，而且积累了不少成功的经验。

（一）美国

美国现在已经形成了高等教育与普通高等教育互相融合的较为完善的高

等教育体系，致力于解决学生就业问题，紧密围绕区域经济发展，为美国的经济发展培养了大批的技术技能型人才。

美国早在 19 世纪 60 年代就颁布了历史上第一部职业教育法案——《莫雷尔赠地法案》，首次认可了职业教育的社会地位与作用，从此职业教育正式成为美国国民教育的重要组成部分①。随后又通过了《史密斯休士法》《乔治—埃尔法》《国防职业教育法案》《职业教育法》等一系列法律法规，可以说，美国具有特色的职业教育都离不开相关立法的建立与完善。美国的高等职业教育诞生于 20 世纪初，主要实施机构有社区学院和技术学院，其中最为著名的就是美国首创的、两年制的短期高等教育——社区学院，对美国的高等教育乃至世界都产生了重要影响。美国学者们对社区学院的研究贯穿其整个历史发展过程。社区学院最初被称为初级学院，L. V. Cos 对初级学院进行了较为深入的研究，并产生了较大影响，它主要对初级学院的起源、类型、地理分布、入学条件和学习专业等方面进行了研究，描述了早期初级学院的发展概况；Doak. S. Campbell 和 Walter. C. Ells 则分别从微观和宏观的角度对两年制初级学院进行深入的探讨研究，并进一步提出了初级学院的发展对策；埃尔斯（Walter C. Ells）在 1931 年出版的《初级学院》（*The Junior College*）主要分析了公立初级学院的发展、课程设置以及它在扩大高等教育入学途径中的作用，沃恩（George B. Vaughan）在其著作中对社区学院的产生、发展历程、教育理念、办学指导思想等方面进行了系统分析；被称为"职业指导运动之父"的美国著名社会改革家 Frank Parsons 是世界上最早提出职业指导理论的人，职业指导理论产生了巨大的影响并在近一个世纪内得到了广泛认可；Parsons 则提出人在选择职业的过程中涉及三个主要因素，即是对自我兴趣、能力、价值观、目标背景和人格特质等方面的认识和评估，是对职业环境、分类，以及职业所要求的特质的了解以及对自我世界与职业世界的协调和整合，他提出的特质因素理论成为职业教育中最早、最经典的指导理论；此外，博耶在《美国大学教育》一书中，对职业教育与普通教育课程之间的紧张关系进行了深入的探讨，并提出了相应的对策建议。

---

① Howard R. D Gordon. *the History of Vocational Education in American* ［M］. Boston：Allyn and bacon. 2009.

（二）德国

德国是世界上高等职业教育体系最发达的国家之一，高等专科学校和校企合作联办的双元制职业学院是实施高等职业教育的主要载体，并与学术性大学一起构成了一种新的独具德国特色的高等教育体系。近年来，随着高等职业教育的快速发展，德国的高等专科学校纷纷改名为应用科技大学（University of Applied Sciences），培养具有科学意识与能力的技术技能人才，并逐步扩展了开展应用型研究的职能。其中将传统的学徒制培训方式与现代职业教育思想结合的双元制职业学院，是德国高质量职业教育闻名于世的重要标志。

德国的社会各界都高度重视职业教育，对"双元制"职业教育的研究涉及职业教育政策、法制、社会环境、企业参与"双元制"培训的成本与收益、考核要求、培训与教学理念等方方面面。1948年，德国教育委员会在《对历史和现今的职业培训和职业学校教育的鉴定》中首次使用"双元制"一词，正式将存在了一百多年的企业与职业学校合作办学的"双元制"职教形式用语言确定下来；1969年，德国政府颁布实施了《职业教育法》，这标志着"双元制"开始有了法律上的确定意义。Bauer（鲍尔）在其撰写的《21世纪世界职业教育》一书中，通过对国外典型的高等职业教育人才培养模式的分析与思考，比较德国"双元制"教育模式、美国的社区学院、澳大利亚的TAFE模式、日本的专门学校等世界领先的高等职业教育模式，突出德国"双元制"模式的特点和优势；Beck则对职业教育中的"关键能力"进行了详细的研究，证明了关键能力在职业教育中的重要性。此外，德国对其以"学习场所合作"为代表的校企合作也有丰富的研究经验。裴兹欧特（Pätzold）将学习场所合作定义为"职业教育学习场所的教学和培训人员基于技术——组织和教学上的合作"，关于学习场所合作的困境障碍，裴兹欧特提出："企业与学校之间走入了一种相对固化的合作困境"，认为只有首先突破这一困境，才可能实现有效的合作。

德国教育与科研部于2014年2月25日提出，德国将推行新学位证书等级制度，以进一步提升德国职业教育的地位。这将使得职业教育的毕业证书在德国和欧洲资格证书框架中属于第六个等级，与学士学位证书相同，即德国职业教育和学术型教育将获得同等地位。这一政策的推行为德国高等职业教育的发展提供了更为强力的法律支撑。

（三）澳大利亚

澳大利亚技术与继续教育（TAFE）学院是政府、行业和学校相结合的完美产物，虽然发展历程短暂，却成为世界上最年轻、最成功的职业教育模式之一。澳大利亚将市场领域中的许多概念和做法引入高等教育领域，联邦政府鼓励大学要更多地满足社会需求、引入竞争机制、关注"效率""效益"和"成本"，充分彰显了澳大利亚倡导的新自由主义思想。在此背景下，TAFE学院所提供的职业教育与培训均是在按照行业指定、国家认可、各州之间相互承认的"能力标准"的这个大的国家资格框架下组织教学与培训的，已经成为澳大利亚为国家提供职业教育与培训的公共服务机构。

澳大利亚关于高等职业教育发展的研究主要包括高等职业教育课程、师资、人才培养以及高等职业教育与培训系统等多个方面。澳大利亚高等教育研究中心的西蒙·马金森教授在其著作《澳大利亚教育与公共政策》中，介绍了20世纪90年代开始的以能力为基础的培训改革（CBT），对澳大利亚两种各具特色的课程模式：学术模式和职业模式进行了分析，提出CBT提供一种解决二者冲突的方式，主张普通教育和职业教育汇合发展。澳大利亚学者埃利·卡斯密斯和安妮·琼斯则分别就TAFE课程对澳大利亚的影响以及TAFE课程评估者应具备的素质等微观方面进行了较为详细的研究。Brianm提出职业教育与培训系统应该满足区域青年的需要，因此要建立国家职业教育与培训框架。

（四）新加坡

世界各国工业化和现代化的历程，无不伴随着一个职业教育大发展的过程，新加坡也是如此。新加坡是一个资源贫乏的岛国，"二战"后迅速走上了经济腾飞之路，重要原因之一即是新加坡政府十分重视开发人力资源，大力发展职业教育特别是发展高职教育，提高职工素质。

早在1993年，美国进行全球调查时结果就表明：全世界劳动力素质最高的国家是新加坡，超过发达国家瑞士和日本，这正揭示了新加坡经济持续发展，产业结构能够顺利调整的原因所在。因此，探讨新加坡职业教育发展的先进理念，挖掘新加坡高职院校教师专业发展的特色，我们从中可以得到一些规律性的启示。

1998年，时任新加坡总理的吴作栋就提出创新思维、资讯科技和国民教育三大教育革新政策。而学校教育能否承担起这个历史重任，主要依靠教师素质。新加坡在努力发展高职教育的同时，也构建了一系列保障高职院校教师专业发展的制度，以南洋理工学院为例，新加坡高职教师专业发展的特色非常鲜明，使新加坡的高职教师专业水平得到了良好的提高与发展。

1. 为教师专业发展营造良好氛围

正如新加坡教育部部长张志贤所指出的，"有效的教师才能培养出有效的学生。通过培养教师，我们确信学生能够接触到最新的知识"。

（1）为了满足社会发展对教师职业日益增加的需求，新加坡教育部已经认识到教师有必要参加持续的培训，因为"教师培训可以使教师更好地开展工作，这是我们整个教育体系中的关键点。"

（2）尤其是南洋理工学院针对教师专业发展，建立了无"货架寿命"的组织文化。教职员工无"货架寿命"理念的提出，源于超市商品的货架期或保质期，也就是能放在货架上的寿命。教职员工无"货架寿命"的实质就是终身学习（保鲜）理念。教职员工不分年龄大小、专业类别，在职业教育岗位上必须不断学习、不断进取、不断挑战。每个人职业寿命的长短由自己决定，在工作面前不存在到期、过期和不能干的思想，只存在自己放弃。教师无"货架寿命"期，具体体现在师资队伍建设方面，主要包括两部分：一是系主任有计划、有制度地安排教师专业提升；二是教师有职业意识，自觉提升。例如，基础课教师要到项目部由项目经理带着开发项目，或被安排到企业当实习学生的主管，接触企业文化和技术等。

2. 为教师专业发展开发专业技能

在新加坡，教师要想在职业上不断进步，除了获得与专业化发展阶段相配套的教育文凭与证书、具备相应的教育资格以外，还要掌握与自身相关的专业技能。专业技能开发体现了南洋理工学院从教师培训到教师专业发展的概念转变。学院领导非常重视教师的培训，坚持"六超越"的培训原则，即超越现有工作经验、超越现有职位、超越现在所处部门、超越现有状况、超越理工学院、超越国土。同时，南洋理工学院还确立了终身学习理念，建立了一整套教师专业技能开发系统，通过实施教职员工技能转型计划，派遣教师到国内外知名学府进修学习，参与企业项目研发。学院规定各学系20%的教师要进行专职项目开发1~2年，并实行轮换制，这样，一方面提高了教师的专业业务水平，另一方面保证企业项目开发的连续性及与企业合作的延续性促使教师能力多元化，以适应新领域及多岗位的工作需求，实现了教师能力的可持续发展。各系提高教职员工专项能力的工作，系主任起主导作用，系主任在工作计划中必须确定：哪些教师要懂新科技，哪些教师要提高教学技能，哪些教师要掌握项目开发的专业技能，以便在专业调整时，教师具有转向、升职的机会。

3. 为教师专业发展借力校企合作

1998 年，新加坡教育部实施了教师专业化发展脱产计划，使更多教师能够更好地参加专业化学习与培训。按照计划规定，工作满 6 年，教师就可以申请参加半年的脱产，学习期间享受半酬待遇，因此，大部分高职院校教师都有到相关行业企业学习和培训的经历。南洋理工学院招聘的教师不仅要有大学以上学历，而且要具备 3~5 年以上的企业工作经验。这些教师不仅带来了他们的学识，他们的工作经验，还带来了企业的人事关系，带来了企业项目。正是拥有这些既有较高的理论水平，又有企业实际工作经验的教师，才保证了"教学工厂"企业项目教学的实施。

因此，南洋理工学院的教职员一般都是多元化的，既是教师，又是工程师；既是工作人员，又是管理者。与企业合作开展项目研究与开发，是"教学工厂"的又一重要内容，企业工程师与教师、学生合作研究项目，使教学与项目相融合。通过项目研究，为教师提供与企业沟通的机会，为学生提供参与企业项目开发的机会，这不仅有利于教师及时了解企业的前沿技术，积极超前地进行专业开发准备，在最短时间内迅速进行新专业与新课程的开发，同时还使教师的专业能力和教科研能力得以提高。

第二节　中国高职教育对教师素能的要求

一、高职教师职业发展现状

关于职业生涯的含义，不同的学者从不同的角度对它进行了界定。美国学者雷蒙德伊诺认为职业生涯是指一个人一生经历的与工作相关的经验方式，工作经历包括职位、职务经验和工作任务。罗斯威尔和思莱德将职业生涯界定为人的一生中与工作相关的活动、行为、态度、价值观、愿望的有机整体。

（一）帕金森的职业人匹配理论

该理论是用于职业选择、职业指导的经典性理论。最早是由美国波士顿大学教授帕金森提出的。1909 年帕金森在其著述《选择一个职业》中，明确阐明职业选择的三大要素或条件：应清楚地了解自己的态度、能力、兴趣、智谋、局限和其他特征；应清楚地了解职业选择成功的条件，所需知识，在不同职业工作岗位上所占有的优势、不利和补偿、机会和前途；上述两个条件的平衡。帕金森的理论内涵即是在清楚认识、了解个人的主观条件和社会职业岗位需求条件基础上，将主客观条件与对自己有一定可能性的社会职业岗位相对照、相匹配，最后选择一个职业与个人匹配相当的职业。

职业人匹配理论，分为两种类型：①因素匹配，例如所需专门技术和专业知识的职业与掌握该种特殊技能和专业知识的择业者相匹配，或者脏、累、苦劳动条件很差的职业，需要吃苦耐劳、体格健壮的劳动者与之匹配；②特性匹配，例如具有敏感、易动感情、不守常规、个性强、理想主义等人格特性的人，宜于从事审美性、自我情感表达的艺术创作类型的职业。

职业人匹配理论，其基本思想是，个体差异是普遍存在的，每一个个体都有自己的个性特征，而每一种职业由其工作性质、环境、条件、方式的不同，对工作者的能力、知识、技能、性格、气质、心理素质等有不同的要求。人们进行职业决策（如选拔、安置、职业指导）时，就要根据一个人的个性特征来选择与之相对应的职业种类，即进行人职匹配。

（二）施恩的职业锚理论

职业锚理论产生于在职业生涯规划领域具有"教父"级地位的美国麻省理工学院斯隆商学院、美国著名的职业指导专家埃德加·施恩教授领导的专门研究小组，是该学院毕业生的职业生涯研究成果。学院里 44 名 MBA 毕业生自愿形成一个小组，接受施恩教授长达 12 年的职业生涯研究，包括面谈、跟踪调查、公司调查、人才测评、问卷等多种方式，最终分析总结了职业锚（又称职业定位）理论。

施恩提出的职业锚理论在美国社会心理学界和组织行为学界有广泛而深刻的影响。他认为职业锚是个人的长期职业定位，由三部分构成：第一部分是自己认识到自己的才干和能力（以实际成功经历为基础）；第二部分是自己认识到自我动机和需要（以自我感知和他人反馈为基础）；第三部分是自己认识到自己的态度和价值观。职业锚要通过个人的职业经验逐步稳定、内化，当个人面临多种职业选择时，职业锚是其最不可能放弃的职业意向。施恩通过研究总结出五种职业锚：①技术职能型职业锚；②管理能力型职业锚；③创造型职业锚；④安全型职业锚；⑤自主型职业锚。职业锚作为一个人职业选择的价值观判断模式，在个人的职业生涯与工作生命周期中，在组织的职业生涯管理事业发展中，具有重要的意义和作用。

锚，是使船只停泊定位用的铁制器具。职业锚，是指当一个人不得不做出选择的时候，他无论如何都不会放弃的职业中那种至关重要的东西或价值观。实际上就是人们选择和发展自己职业时所围绕的中心。

职业锚，也是自我意向的一个习得部分。个人进入早期工作情境后，由习得的实际工作经验所决定，与在经验中自省的动机、价值观、才干相符合，达到自我满足和补偿的一种稳定的职业定位。职业锚强调个人能力、动机和价值观三方面的相互作用与整合。职业锚是个人同工作环境互动作用的产物，在实际工作中是不断调整的。

职业锚问卷是国外职业测评运用最广泛、最有效的工具之一。职业锚问卷是一种职业生涯规划咨询、自我了解的工具，能够协助组织或个人进行更理想的职业生涯发展规划。

了解职业锚的概念，要注意以下几个方面：

（1）职业锚以员工习得的工作经验为基础。职业锚发生于早期职业阶段，新员工已经工作若干年，习得工作经验后，方能选定自己稳定的长期贡献区。

（2）职业锚不是员工根据各种测试测出来的能力、才干或者作业动机、价值观，而是在工作实践中，依据自身和已被证明的才干、动机、需要和价值观，现实地选择和准确地进行职业定位。

（3）职业锚是员工自我发展过程中的动机、需要、价值观、能力相互作用和逐步整合的结果。

（4）员工个人及其职业不是固定不变的。职业锚，是个人稳定的职业贡献区和成长区。但是，这并不意味着个人将停止变化和发展。员工以职业锚作为其稳定源，可以获得该职业工作的进一步发展，以及个人社会生命周期和家庭生命周期的成长、变化。此外，职业锚本身也可能发生变化，员工在职业生涯的中后期会根据变化了的情况，重新选定自己的职业锚。

职业锚以员工习得的工作经验为基础，产生于早期职业生涯。员工的工作经验进一步丰富发展了职业锚。施恩教授提出的职业锚理论包括五种类型：自主型职业锚、创业型职业锚、管理能力型职业锚、技术职能型职业锚和安全型职业锚。

职业锚的研究价值被发现后，越来越多的人加入了研究的行列。20 世纪90 年代，又发现了三种职业锚：挑战型、生活型和服务型职业锚。施恩先生将职业锚增加到八种类型，并推出了职业锚测试量表。

（1）技术职能型：技术职能型的人，追求在技术职能领域的成长和技能的不断提高，以及应用这种技术职能的机会。他们对自己的认可来自他们的专业水平，他们喜欢面对来自专业领域的挑战。他们不喜欢从事一般的管理工作，因为这意味着他们放弃在技术职能领域的成就。

（2）管理能力型：管理型的人追求并致力于工作晋升，倾心于全面管理，独自负责一个部分，可以跨部门整合其他人的努力成果，他们想承担整个部分的责任，并将公司的成功与否看成自己的工作。具体的技术功能工作仅仅被看作通向更高、更全面管理层的必经之路。

（3）自主型：自主型的人希望随心所欲地安排自己的工作方式、工作习惯和生活方式。追求能施展个人能力的工作环境，最大限度地摆脱组织的限制和制约。他们宁愿放弃提升或工作扩展机会，也不愿意放弃自由与独立。

（4）安全型：安全型的人追求工作中的安全与稳定感。他们可以预测将来的成功从而感到放松。他们关心财务安全，如退休金和退休计划。稳定感来自诚信、忠诚以及完成老板交代的工作。尽管有时他们可以到达一个很高的职位，但他们并不关心具体的职位和工作内容。

（5）创业型：创业型的人希望凭借自己的能力去创建属于自己的公司或创建完全属于自己的产品（或服务），而且愿意去冒风险，并克服面临的障碍。他们想向世界证明公司是他们凭借自己的努力创建的。他们可能正在别人的公司工作，但同时他们在学习并评估将来的机会。一旦他们感觉时机到了，他们便会走出去创建自己的事业。

（6）服务型：服务型的人是指那些一直追求他们认可的核心价值，例如，帮助他人，改善人们的安全，通过新产品消除疾病。他们一直追寻这种机会，这意味着即使变换公司，他们也不会接受不允许他们实现这种价值的工作变换或工作提升。

（7）挑战型：挑战型的人喜欢解决看上去无法解决的问题，战胜强硬的对手，克服无法克服的困难障碍等。对他们而言，参加工作或职业的原因是工作允许他们去战胜各种不可能。新奇、变化和困难是他们的终极目标。如果事情非常容易，它马上变得令人厌烦。

（8）生活型：生活型的人喜欢允许他们平衡并结合个人需要、家庭需要和职业需要的工作环境。他们希望将生活的各个主要方面整合为一个整体。正因如此，他们需要一个能够提供足够的弹性让他们实现这一目标的职业环境，甚至可以牺牲他们职业的一些方面，如提升带来的职业转换，他们将成功定义得比职业成功更广泛。他们认为自己在如何去生活，在哪里居住何处理家庭事情，以及在组织中的发展道路是与众不同的。

职业锚在员工的工作生命周期中，在组织的事业发展过程中，发挥着重要的作用。

（1）使组织获得正确的反馈。职业锚是员工经过搜索所确定的长期职业贡献区或职业定位。这一搜索定位过程，依循员工的需要、动机和价值观进行。所以，职业锚清楚地反映出员工的职业追求与抱负。

（2）为员工设置行之有效的职业渠道。职业锚准确地反映员工职业需要及其所追求的职业工作环境，反映员工的价值观和抱负。透过职业锚，组织获得员工正确信息的反馈，这样，组织才能有针对性地对员工职业发展设置可行的、有效的、顺畅的职业渠道。

（3）增长员工工作经验。职业锚是员工职业工作的定位，不但能使员工在长期从事某项职业中增长工作经验，员工职业技能还能不断提高，不断提高工作效率或劳动生产率。

（4）为员工奠定中后期工作的基础。之所以说职业锚是中后期职业工作的基础，是因为职业锚是员工在通过工作经验的积累后产生的，它反映了该员工的价值观和被发现的才干。当员工抛锚于某一种职业工作过程，就是自我认知过程，就是把职业工作与自我观相结合的过程，开始决定成年期的主要生活和职业选择。

职业锚是个人早期职业发展过程中逐步确立的职业定位。在职业锚的选定或开发中，雇员个人起着决定性作用。

（1）提高职业适应性。一般而言，新雇员经过认识、塑造、充实规划自我等诸多职前准备，经过科学的职业选择，进入企业组织，这本身即代表了该雇员个人对所选职业有一定的适合性。但这种适合性仅是初步的，是主观的认识、分析、判断和体验，尚未经过职业工作实践的验证。

职业适应性是职业活动实践中验证和发展了的适合性。每个人从事职业活动，总是处于一定的物质环境和心理环境中，个人从事职业的态度，受到诸多主客观因素的影响，如个人对工作的兴趣、价值观、技能、能力、客观的工作条件、福利情况，他人和组织对个人工作的认可及奖励情况，人际关系情况，以及家庭成员对个人职业工作的态度等。个人的职业适应性就是尽快习惯、调适、认可这些因素，也就是雇员在组织的具体职业活动中，职业工作性质、类型和工作条件，与个人需要和价值目标相融合，使自身在职业工作生活中获得最大的满足。职业适应的结果能保证雇员个人在较长一段时间内从事某种职业活动，而且能保证雇员在职业活动中有较高的效率，有利于雇员个性的全面协调发展。雇员由初入组织的主观职业适合，通过职业活动实践，转变为职业适应的过程，即雇员搜寻职业锚或开发职业锚的过程。职业适应性是职业锚的准备或前提基础。

（2）借助组织的职业计划表，选定职业目标，发展职业角色形象。职业计划表是一张工作类别结构表，是将组织所设计的各项工作分门别类进行排列，形成一个较系统反映企业人力资源配给情况的图表。雇员应当借助职业计划表所列职工工作类别、职务升迁与变化途径，结合个人需要与价值观，实事求是地选定自己的职业目标。一旦瞄准目标，就要根据目标工作职能及其对人员素质的要求有目的地进行自我培养和训练，使自己具备从事该项职业的充分条件，从而在组织内树立良好的职业角色形象。

职业角色形象，是雇员个人向组织及其工作群体全面展现自我职业素质，是组织或工作群体对个人关于职业素质的一种根本认识。职业角色形象构成主要有两大要素：一是职业道德思想素质，通过敬业精神、对本职工作热爱与否、事业心、责任心、工作态度、职业纪律、道德等来体现；二是职业工作能力素质，主要看雇员所具有的智力、知识、技能能否胜任本职工作。雇员个人应当从上述两个主要基本构成要素入手，很好地塑造自己的职业角色，为自己确定职业锚位创造条件，打好基础。

（3）培养和提高自我职业决策能力和决策技术。自我职业决策能力，是一种重要的职业能力。决策能力大小、决策正确与否，往往影响整个职业生涯发展乃至一生。个人在选择、开发职业锚时，必须着力培养和提高职业决策能力。

所谓自我职业决策能力，是指个人习得的用以顺利完成职业选择活动所需要的知识、技能及个性心理品质。具体而言，要培养和提高个人以下几方面的职业决策能力：①善于搜集相关的职业资料和个人资料，并对这些资料进行正确的分析与评价；②制订职业决策计划与目标，独立承担和完成个人职业决策任务；③在实际决策过程中，不是犹豫不决、不知所措、优柔寡断，而是有主见能适时地、果断地做出正确决策；④有效地实施职业决策，能够克服计划实施过程中的种种困难。

职业决策能力运用于实际的职业决策之时，需要讲求决策技术，掌握决策过程。首先，搜集、分析与评价各项相关职业资料及个人资料，这一工作即是几种职业选择途径的后果与可能性的分析和预测。其次，对个人预期职业目标及价值观进行探讨。个人究竟是怎样的职业价值倾向？由此决定的职业目标是什么？类似的问题并非每个人都十分清楚。现实中，我们经常会发现价值观念不清、不确定的情况。所以，澄清、明确和肯定个人主观价值倾向与偏好当为首要，否则无法做出职业决策。最后，在上述两项工作的基础上，将主观愿望、需要、动机和条件，与客观职业需要进行匹配和综合平衡，经过权衡利弊得失，确定最适合、最有利、最佳的职业岗位。这个过程，是归并个人的自我意向，找到自己爱好的和擅长的东西，发展一种将带来满足和报偿的职业角色的过程。

（三）霍兰德的职业性向理论

美国约翰·霍普金斯大学心理学教授约翰·霍兰德在1952年提出了具有广泛影响的职业性向理论。他认为职业性向（包括价值观、动机和需要等）是决定一个人选择何种职业的重要因素。霍兰德基于自己对职业性向测试的研究，一共发现了六种基本的职业性向。然后，他根据劳动者的心理素质和择业倾向，将劳动者划分为六种类型。相应地，他把社会职业也划分为上述六种类型：现实型、调研型、艺术型、社会型、企业型、常规型。霍兰德的职业性向理论，实质在于劳动者的职业性向与职业类型相适应。霍兰德认为，同一类型的劳动者与同一类型的职业相结合，便达到了适应状态，这样劳动者找到了适合自己的职业岗位，其才能与积极性才能得以发挥。依照霍兰德的理论，劳动者职业性向类型与职业类型相关系数越大，两者适应程度越高；两者相关系数越小，相互适应程度越低。

霍兰德的理论认为人的人格类型、兴趣与职业密切相关，每个人都有自己独特的能力模式和人格特征，每个人格特征的人都可以找到适合自己的职业，当个人的人格特征兴趣与职业相符时，可以调动员工的工作热情和激发其潜力，并提高员工的工作满意度。

如果匹配得好，个人的特征与职业环境协调一致，工作效率和职业成功的可能性就大为提高；反之，则工作效率和职业成功的可能性就很低。因此，对于组织和个体来说，进行恰当的人职匹配具有非常重要的意义。而进行人职匹配的前提之一是必须对人的个体特性有充分的了解和掌握，而人才测评是了解个体特征最有效的方法。所以，人职匹配理论是现代人才测评的理论基础。其中最有影响的是"特性因素论"和"人格类型论"。

美国职业心理学家霍兰德创立的人格类型理论对人才测评的发展产生了重要影响。

在人格和职业的关系方面，霍兰德提出了一系列假设：①在现实文化中，他将人的人格分为六种类型：实际型、研究型、艺术型、社会型、企业型与传统型。每一特定类型人格的人，会对相应职业类型中的工作或学习感兴趣；②环境也可区分为上述六种类型；③人们寻求能充分施展其能力与价值观的职业环境；④个人的行为取决于个体的人格和所处的环境之间的相互作用。在上述理论假设的基础上，霍兰德提出了人格类型与职业类型模式。不同类型人格的人需要不同的生活或工作环境，例如"实际型"的人需要实际型的环境或职业，因为这种环境或职业能给予其所需要的机会与奖励，这种情况即称为"和谐"。类型与环境不和谐，则该环境或职业无法提供个人的能力与兴趣所需的机会与奖励。

根据霍兰德的人格类型理论，在职业决策中最理想的是个体能够找到与其人格类型相重合的职业环境。一个人在与其人格类型相一致的环境中工作，容易得到乐趣和内在满足。因此，在职业选拔与职业指导中，首先通过一定的测评手段与方法来确定个体的人格类型，然后寻找与之相匹配的职业种类。为了确定个体的人格类型，就需要大量运用人才测评的手段与方法，霍兰德也编制了一套职业适应性测验来配合其理论的应用。

（四）职业决策模型理论

从 20 世纪 60 年代开始，人们对如何做出职业决策的过程和行为进行研究，希望在各种不同因素的作用下，能够进行理性的选择和决策。由此产生的理论主要由三种模型组成：描述型模型、诊断型模型、描述诊断混合型模型。

（1）描述型模型。此理论由泰特曼和奥哈拉分别提出，基本内容是，职业生涯决策是一个完整的过程，由一系列不断递进的阶段组成，第一阶段是参与阶段，完成探索、定型、抉择、正式等工作，即了解和收集信息，确定几种可选择方案，并选择其中一种，再进一步给予检验；第二阶段是履行和调整阶段，完成定向、变动、调整等几项工作，即初步接受并履行所做的选择，努力完成工作任务并希望得到发展，然后在这一过程中，取得个人选择和环境要求之间的平衡。

（2）诊断型模型。奇兰特等人认为，应该运用科学方法进行职业生涯决策。在强调主体价值观、期望值和客观可能重要性的同时，以理性的方式进行决策，经过循环往复，以一定的标准计算出收益和投入成本之比，最大值者即是最优方案。

（3）描述诊断混合型模型。综合以上两种模型的特征，提出谨慎的决策者具有 7 个方面的特征：①对各种选择方案进行广泛而全面的考虑；②审查各种方案的价值和目标；③认真权衡各种选择方案的正反两方面结果；④获得相关信息；⑤吸收所有得到的新信息；⑥决策之前对选择方案进行反复审视；⑦为实施方案准备条件。

（五）特性因素论

"特性因素论"是职业指导中历史渊源最深的理论，它源于官能心理学研究。它在职业指导方面的应用，则是建立在帕森斯关于职业指导三要素思想的基础上，由美国职业指导专家威廉逊发展而形成。

其后由于差异心理学的研究发现，心理测量技术的发展，以及职业资料系统的建立，逐渐充实其内涵，形成具体的框架，而成为职业指导实际工作中重要的理论依据。特性因素论认为个别差异现象普遍地存在于个人心理与行为中。每个人都具有自己独特的能力模式和人格特性，即特质，而某种能力模式及人格模式又与某些特定职业相关。每种人格模式的个人都有其适应的职业，人人都有选择职业的机会，人的特性又是可客观测量的。职业指导就是解决个人的兴趣、能力与工作机会相匹配的问题，帮助个人寻找与其特性相一致的职业。帕森斯提出职业指导以下由三步组成：

第一步是评价求职者的生理和心理特点。通过心理测量及其他测评手段，获得有关求职者的身体状况、能力倾向、兴趣爱好、气质与性格等方面的个人资料，并通过会谈、调查等方法获得有关求职者的家庭背景、学业成绩、工作经历等情况，然后对这些资料进行评价。

第二步是分析各种职业对人的要求，并向求职者提供有关的职业信息包括：①职业的性质、工资待遇、工作条件以及晋升的可能性；②求职的最低条件，诸如学历要求、所需的专业训练、身体要求、年龄、各种能力以及其他心理特点的要求；③为准备就业而设置的教育课程计划，以及提供这种训练的教育机构、学习年限、入学资格和费用等；④就业机会。

第三步是人职匹配。指导人员在了解求职者的特性和职业的各项指标的基础上，帮助求职者进行比较分析，以便选择一种适合其个人特点，又有可能得到并在职业上取得成功的职业。

1908 年，帕森斯在美国波士顿设立职业局，在职业指导过程中，他提出了职业设计的三要素模式：其一，清楚地了解自己，包括性向、能力、兴趣、自身局限和其他特质等；其二，了解各种职业必备的条件及所需的知识，在不同工作岗位上所占有的优势、不足和补偿、机会、前途；其三，上述两者的平衡。特性与因素理论的核心是人与职业的匹配，其理论前提是：每个人都有一系列独特的特性，并且可以客观而有效地进行测量；为了取得成功，不同职业需要配备不同特性的人员；选择一种职业是一个相当易行的过程，而且人职匹配是可能的；个人特性与工作要求之间配合得愈紧密，职业成功的可能性愈大。

总的来看，特性因素理论为人们的职业设计提供了最基本的原则，各种心理测量工具和美国出版的大量的职业信息书刊业为之提供了良好的支持。这样，由于该理论具有较强的可操作性，被人们广泛采用。但也应该看到理论中的静态观点和现代社会的职业变动规律不相吻合，它忽视了社会因素对职业设计的影响和制约作用。

（六）职业变动模式理论

1971 年，美国心理学家施恩提出个人在特定组织内的三种流动方式，以实现组织对个人职业生涯的帮助和管理。三种不同的流动方式：横向流动模式、向核心地位流动模式和纵向流动模式。

（1）横向流动模式。该流动方式是组织内部个人的工作或职务沿着职能部门或技术部门的同一等级进行发展变动。比如，包括生产、市场、财务、技术、人事部门等，横向流动则是在这些部门之间进行同一等级地位的变动。实行这种变动的原因是：培养掌管全局的管理人员，为以后的纵向发展做准备；工作丰富化的需要，部门之间人员的平衡和调剂。

（2）向核心地位流动模式。该流动方式是由组织外围逐步向组织内圈方向变动。当发生这类变动时，成员对组织情况了解得更多，承担的责任更为重大，并且经常会参加重大问题的讨论和决策。采取这种模式的原因有二：一是由于个人的能力和努力取得组织的认可，但却是不适合提升到组织的更高等级；二是准备让个人沿纵向上行，但暂时无法提供相应的职位。

（3）纵向流动模式。该流动方式是指组织内部的个人工作等级职位的升降。在一般的观念中，只有纵向的上行流动，才是得到发展和肯定。正常地向上流动，在提升的同时向组织的核心靠拢。如果某个人得到职位等级的提高，但仍然没有列入组织重要的核心活动或决策之列，则意味着"明升暗降"或只是一种待遇而已。

在这种三维模式中，纵向的变动是一种上下升降的圆锥体；横向变动是围绕在圆锥体周围，从一个职能或技术部门向另一种职能或技术部门变动；朝核心方向变动则是从圆锥体的外围向圆锥体的中心变动。事实中的流动安排是三种模式的有机结合。

二、高职教师发展的能力观

能力，是完成一项目标或者任务所体现出来的素质。人们在完成活动中表现出来的能力有所不同。能力是指顺利完成某一活动所必需的主观条件。能力是直接影响活动效率，并使活动顺利完成的个性心理特征。

能力总是和人完成一定的实践相联系。离开了具体实践既不能表现人的能力，也不能发展人的能力。能力是指达成一个目的所具备的条件和水平。

能力是生命物体对自然探索、认知、改造水平的度量。例如人解决问题的能力，动物、植物的繁殖能力等。

根据能力所表现的活动领域的不同，能力可以划分为：

（一）一般能力

一般能力是指在进行各种活动时必须具备的基本能力。它保证人们有效地认识世界，也称智力。智力包括个体在认识活动中所必须具备的各种能力，如感知能力（观察力）、记忆力、想象力、思维能力、注意力等，其中抽象思维能力是核心，因为抽象思维能力支配着智力的诸多因素，并制约着能力发展的水平。

（二）特殊能力

特殊能力又称专门能力，是指顺利完成某种专门活动所必备的能力，如音乐能力、绘画能力、数学能力、运动能力等。各种特殊能力都有自己的独特结构。例如音乐能力就是由四种基本要素构成：音乐的感知能力、音乐的记忆和想象能力、音乐的情感能力、音乐的动作能力。这些要素的不同结合，就构成了不同音乐家独特的音乐能力。

一般能力和特殊能力相互关联。一方面，一般能力在某种特殊活动领域得到特别发展时，就可能成为特殊能力的重要组成部分。例如，人的一般听觉能力既存在于音乐能力中，也存在于言语能力中。没有听觉的一般能力的发展，就不可能发展言语和音乐的听觉能力。另一方面，在特殊能力发展的同时，也发展了一般能力。观察力属于一般能力，但在画家的身上，由于绘画能力的特殊发展，对事物一般的观察力也相应增强。人在完成某种活动时，常需要一般能力和特殊能力的共同参与。总之，一般能力的发展为特殊能力的发展提供了更好的内部条件，特殊能力的发展也会积极地促进一般能力的发展。

（三）再造能力

再造能力是指在活动中顺利地掌握前人所积累的知识、技能，并按现成的模式进行活动的能力。这种能力有利于学习活动的进行。人们在学习活动中的认知、记忆、操作与熟练能力多属于再造能力。

（四）创造能力

创造能力是指在活动中创造出独特的、新颖的、有社会价值的产品的能力。它具有独特性、变通性、流畅性等特点。

再造能力和创造能力是互相联系的。再造能力是创造能力的基础，任何创造活动都不可能凭空产生。因此，为了发展创造能力，首先就应虚心地学习、模仿、再造。在实际活动中，这两种能力是相互渗透的。

（五）认知能力

认知能力是指个体接受信息、加工信息和运用信息的能力，它表现在人对客观世界的认识活动中。活动对象是认知信息。

（六）元认知能力

元认知能力是指个体对自己的认识过程进行的认知和控制能力，它表现为人对内心正在发生的认知活动的认识、体验和监控。活动对象是认知活动本身，它包括个人怎样评价自己的认知活动，怎样从已知的可能性中选择解决问题的确切方法，怎样集中注意力，怎样及时决定停止做一件困难的工作，怎样判断目标是否与自己的能力一致等。

（七）超能力

超能力，意同异能、特异功能，是指心灵感应、透视、预知、念力、超自然能力，被归类于超心理学的范畴内。最早源自阴阳学名词，古人认为一个人的能力就像宫殿里的不同房间，当需要发挥什么能力时，其中的一个门就会打开。这和利玛窦的记忆宫殿很像。不同的是，能力除了记忆，还包括很多其他能力。古人认为不同时间出生的人阳气不同，人的五行就会出现偏移，每个人可以打开的能力门就不同，因此古人注重生辰八字。有的人阳气旺盛，打开的能力门多，就显得天资聪慧；有的人生意经营才能超群，打开的门就是财运亨通。18 世纪以后，随着科学的进步，对于科学所无法说明的神秘作用，都成为迷信。ESP 是英文 Extra Sensory Perception 的略称，意指"超感觉"，通常用作心灵感应、透视力、触知力、预知力等的总称。能力也就式微了。美国现今有一门专门用来训练经理人的 ESP 课程，这门课程主要用来培养透视力、预知力等心灵感应的心灵力量。ESP 能力等于是"右脑的五感"。正如左脑有五感一样，右脑也有五感。有人认为只是少数特异人士才拥有的神奇力量，其实这是每一个人都具备的能力，只不过人类因为压抑潜在意识的大脑新皮质过于发达，使得 ESP 的能力被封存起来，相反地，动物的大脑组织几乎都是由旧皮质组成，因此能够发挥这样的能力。

能力是个性心理特征之一，不同的人在能力方面是存在差异的，其差异一般表现在以下几个方面：

（1）能力类型差异。每个人所具有的能力都不仅仅是一种，而是多方面的。对于一个人来说，在他所具有的多种能力中，总有相对来说较强的能力，也有一般的能力和较差的能力，即每个人的能力都是多种能力以特定的结构结合在一起的。由于不同人的能力结构不同，能力在类型上便存在差异。如果进一步分析，每一种能力也有类型的差别。例如记忆能力，有的人属于视觉型，即视觉识记效果较好；有的人属于听觉型，即听觉识记效果较好；有的人则属于运动型，即有动作参加时识记效果较好，等等。

由于能力类型的差异，人们在实践活动中处理和解决问题的方式方法常常各不相同，虽然完成相同的任务，但往往是通过不同能力的综合来实现的。例如，两个管理者都很好地完成了管理工作，都表现出了良好的组织能力，但甲可能是通过综合个人的技术能力、人际交往能力和演说能力从而较好地实施了管理；乙可能是通过综合调查能力、分析能力和正确决策的能力，从而圆满地完成了管理任务。

（2）能力水平差异。能力水平的差异，是指人与人之间各种能力的发展程度不同所具有的水平不同。例如，正常的人均具有记忆能力，但人与人之间的记忆力强度不同；正常的人都有思维能力，但思维的广度和深度也不同。

（3）能力表现差异。人们的能力表现在时间上是存在差异的。有些人在童年时期就表现出某些方面的优异能力，即所谓的"早熟"。例如，我国唐初的王勃，10岁能赋，少年时写了著名的《滕王阁序》。但也有些人的才能一直到很晚才表现出来，这就是所谓的"大器晚成"。例如，我国画家齐白石40岁才表现出他的绘画才能；达尔文在50多岁时才开始有研究成果，写出《物种起源》一书。造成这种现象的原因是多方面的，可能是由于这些人在早期没有学习或表现自己能力的机会；也可能是早期智力平常，但经过长期的勤奋努力，能力有了明显的提高。

另外，人们能力表现的方式也存在差异。有些人所具有的某方面能力很容易表现出来，为别人所了解；相反，有些人虽然具有某方面能力，但在他们从事这类活动之前，人们较难发现。造成这种情况的主要原因是人的气质和性格不同，一般来说，外向型的人所具有的能力较易被人发现；内向型的人所具有的能力则较难被人发现。

三、高职教师发展的属性

教师教育是一种培养教师的活动，这种活动实施在哪类机构，如何通过课程的分配来进行培养教师的活动，都从不同的角度影响了教师发展的属性问题。从参与培养活动的机构看，独立的师范院校由于定位在师范，就会偏向于师范性教师特征的目标，综合大学的学科优势往往偏重学术性目标，发展技术职业类教师的教育学院，其提高职业性的优势则非常明显。从课程看，学术性体现在一些以知识为逻辑起点的学科体系中，师范性课程包括一些心理学、教学方法、道德教育之类的课程，职业性课程是与职业过程相关的职业分析、职业历史、过程等的科目。上述对学术性、师范性和职业性的理解是统计学意义上的解释，以机构的分类、以课程的分类来划分学术性、师范性和职业性人为地割裂了教师的整体性，作为一名教师也不可能明确划分出三者的不同，但是高职教师又必须体现出三者的特性，因此，"学术性、师范性、职业性"应该是"三性合一"的属性。

高职教师的学术性是师范的、职业的学术性。学术性一般被理解为学术活动、科研能力方面，这是一种精英化高等教育的学术性观点，时至今日，随着科学存在形态的多元化和科学研究的分层化，对人类创造能力理解的多样化，高等教育功能的复杂化，人们开始重新审视学术水平这个概念。

美国卡内基促进教学基金会前主席欧内斯特发表的《学术水平反思》报告指出，"我们现在对学术水平的看法有很大的局限性，把它局限在某种功能的等级上。基础研究成为首要的和最基本的学术活动，其他功能则从中派生出来"。在他看来，"知识并不都是以这种线性方式发展的。因果关系的箭头可能常常是指向两个方向的。理论确实可以指导实践，但实践也会产生理论。最好的教学可以改造研究和实践工作者。"波依尔拓展了对学术水平的理解范围，学术水平在波依尔的框架内就是"发现的学术水平、综合的学术水平、运用的学术水平、教学的学术水平"。

高职教师的职业性活动的最大特点就是实践性。这种实践性是高职教师学术性的根基。高职教师的学术性并非只是一种结果，更重要的是一个过程，它可能是一种教学理念、一种教学方式、一种思维模式、一种角色转换、一种新的考试方式的应用，这些都可以转化为理论的建构。

（一）从知识的构成来看

职业教育的教师应该具有三性知识，即学术性知识、师范性知识和职业性知识。

学术性的知识是一种由专业学科构成的、以结构逻辑为中心的学科体系内容，以传授实际存在的显性知识为主，它的多少常常是推动学科知识发展、创造能力和研究水平提高的一个基础性衡量指标。这类显性知识一般指理论性知识，主要解决"是什么"事实、概念等和"为什么"原理、规律等问题。学科性知识的学习是培养科学家、专家的主要途径，学科知识同时由于其学术性影响社会成员的地位，尤其是在以学术衡量学问高低的社会，增加学术性因此成为提高专业人员地位的一种可选途径。

职业性知识是以实际情景构成的以过程逻辑为中心的行动体系，以强调获取自我建构的隐性知识为主，它直接影响实践水平的掌握程度。波兰尼在其著作《人的研究》中将隐性知识定义为那些无法言传或表达不清楚的一类知识，野中郁次郎认为，隐性知识在认知过程中占有重要地位。隐性知识包括个体的思维模式、信仰和观点，这些模式、信仰和观点是如此的根深蒂固，以至于我们习以为常，不自觉地接受它们的存在，并在观察世界的时候受到它们的巨大影响。

隐性知识通常和经验有密切关系，由经验可进一步发展为策略，隐性知识主要解决"怎样做"经验和"怎样做更好"策略的问题。职业性知识是培养职业人才的主要内容，1994年，弗里茨漠勒在其著作《研究领域职业》中就指出过"与职业相关的学科的总框架"，并系统地指出，职业研究的基本范畴应包括职业哲学、职业历史学、职业分类学、职业术语学、职业心理学、劳动医学与职业医学、职业社会学、职业法律（包括职业教育和培训的法律及职业从业的法律），还有职业教育学和职业教学论。在我国，对工程技术知识的认同使人们认为技术知识只意味着工程技术知识，职业性的技术知识被忽视，重要的是职教教师的知识领域恰恰在职业技术知识范畴内。职教师资面对的技术主要包括主观能动性较强的经验性知识、经济社会利益的体现方式以及由于工业文化导致的实现手段等，它与人的行为过程有密切的联系。

师范性知识存在于上述两种知识之间，是为了使"是什么、为什么"的知识转化为"怎样做、怎样做更好"的知识，它解决的是如何实现两种知识间的转化问题，这种转化的好坏决定着能否成为一个内行的教育者和职教教师质量高低的程度，"教什么"固然重要，"如何教"对职教教师同样重要。

（二）从知识的传递过程看

"行动体系"的教学途径实现了"三性合一"。

"行动体系"的教学途径是一种经典的直接经验获取的通道，传统行会的师徒间的知识传授就是起源于从隐性到隐性知识的传授模式，它包含3个连续且不断提升的过程：从隐性到隐性，是隐性知识通过在不同群体间潜移默化地交换而实现的一个共享过程，由于经验的共享，对隐性知识的理解有所升华，这一过程类似物理过程从隐性到显性知识，是隐性知识显性化的过程，依附于个体而存在的个性化知识向知识的传播迈进并得到升华，再从显性知识到隐性，强调的是个体对共享知识加工的过程，是一种建构、创新的过程，此过程更多地体现一种化学意义上的变化，它是酝酿新知识的摇篮和起点。

显性知识、隐性知识及二者知识间形成的行动体系教学途径，实现了高职教师的"三性"发展为"合一"。学术性以显性知识表现为主，职业性以隐性知识表现为主，师范性以显性和隐性知识的聚合为主。显性知识的积累发展成理论型人才，隐性知识的积累最终形成经验型人才，显性知识和隐性知识在各自的功利功能下保留着自身体系的深入。师范性本身并不独立存在，只有当显性知识或隐性知识被包含在教育功能中时，师范的教育性功能才会体现。师范性与职业性的结合构成了职业教育教师存在的基础，师范性、职业性和学术性的三性融合构成了高职教师存在的基础。

四、职业发展问题

（一）晋升难

职级提升是职业生涯中纵向层次发展的重要内容。高职教师的职级提升主要是提升职称高职院校教师的专业技术职务评审，目前仍沿用普通大学的标准，重点考核教师的科研能力，而科研恰恰成为高职院校教师职称提升的瓶颈。

一方面，高职院校"双师型"教师的能力重点不是科研，而是专业教学、实践和科研成果的推广与应用；另一方面，高职院校教师在自身科研素质、科研课题申报机会、科研工作条件等方面和普通本科院校存在较大距离，因而在开展科研工作、取得科研业绩、发表科研论文方面存在相当大的难度。高职院校要求教师每年发表一定数量和刊物级别的论文作为科研考核，科研考核不合格者给予不同程度的处罚措施。由于晋升职称的名额有限的标准，再加上评定职称过程中的一些不正之风，如论资排辈严重、论文作假多、工作业绩水分多等，给高职教师晋升职称带来很大难度。《南方周末》上曾报道过这样一个例子，某高职院校教师说："中央空调安装我最拿手，可多年来我还是一个助教，因为没有课题和论文。"这一事件的出现在一定程度上反映了高职院校教师评价制度的滞后性。

（二）专业化发展受阻

高职院校针对人才市场需求办学，而人才市场对高职生专业需求也处于不断变化中，与此相对应，高职院校的专业必须根据市场需求做出调整。新的专业层出不穷，专业调整和创办新专业的结果是原有教师要么去学习新的专业知识，要么转换工作岗位去担任行政或者学生管理工作，甚至跳槽。无论哪一种结果，对于一个具有多年专业学习的高职院校教师来说，都是不大情愿接受的。专业调整意味着教师要重新学习一个新的领域，这加大了教师职业适应的难度，从专业学习的角度来说，教师对某一专业要达到一定的造诣，既需要投入大量的精力，也需要不断学习，研究相当长的时间，而不断调整的专业降低了教师在专业上能达到的高度，对职业生涯发展产生了不利影响。

（三）工作量大

工作量体现了工作任务在数量和质量上的共同要求。研究表明，工作量与职业倦怠高度相关，尤其与情绪衰竭相关度最高。一般来说，人员和资源不足直接导致工作过载，即超负荷的工作量，而长期工作过载必然导致情绪衰竭。近年来，由于连续扩招，高职院校教师配备普遍不足，加上各种任职、晋升职称条件等硬性指标的压力，大部分教师都在教学和科研两条战线疲于奔命，工作负荷普遍增大。这一切在内涵和外延上都大幅地增大了教师的工作量。

另外，大多数高职教师还担任繁重的学生管理任务。教师在教学和学生管理工作上两头抓，不少高职学生高考成绩较差，自我管理能力相对欠缺，甚至抱有自暴自弃的想法，自认低人一等，所以，教师还担任着学生心理工作的重任。工作的重压使许多教师精神压力大、身心疲惫、热情耗竭，这是职业倦怠产生的主要原因和典型特征。

（四）薪酬低

高职教师的工作职责与现实回报存在严重落差。社会对高职教师的期望是多重的。高职教师既要有渊博的专业知识、高尚的道德情操、高超的教学艺术，更要有较高的教学质量。近年来，伴随高校的扩招，在校生人数不断增加，导致教师工作量加重，有 45.6% 的高职教师平均周课时量达到 40 节以上，这无疑是对精力与体力的严峻挑战。众所周知，当前高职学校招生的录取分数线较低，致使生源质量得不到保证。这不仅增加了高职教师教育教学的难度，更加大了学生管理的难度。与高职教师工作负担较重，非教学任务过多形成鲜明落差的是，高职教师在付出努力后获得的回报少，特别是无法从教学中获得成就感。社会期望教师教好每名学生，学生作为具有主动性和差异性的发展中的个体，其学业成绩相对较易衡量，但其行为、兴趣、态度和价值观等方面的变化不仅缓慢，而且难以评价。

以江苏一所高职学校为例，每年都会流失很多教师，尤其是骨干教师的流失。许多这样的教师本身来自企业，具备一技之长，如果在教学上得不到承认，很容易产生负面情绪，会对现在的工作产生怀疑。与以前的工作相比，一旦发现以前的工作更有满足感，成就感，就会放弃教育工作，转而回归本来的行业。所以，高职院校应该提供有竞争性的报酬，实现教师的自我价值。从教师的收入和行政人员收入上可以看出，学校对教师的重视程度不够，总体上，行政人员的收入甚至超过了教师，而教师的责任重大，除了完成课时外，还要承担班主任工作，评职称，写论文接受学生满意度评价，所以教师处于劣势地位，甚至有的教师认为学校把自己当成了上课的"机器"，而没有得到相应的报酬。这些不满情绪严重影响了教学热情，上课变成了完成任务。

（五）教学能力低

教学能力低主要表现在由于教师队伍来源多样，各教师的执教能力存在很大差异。大多数教师只会理论教学，没有实践能力，也有部分教师只有实践，没有理论。只会理论，没有实践的教师主要是从高校新毕业的教师，他们经过在高校的几年学习，取得了本科甚至研究生的学历，掌握了比较扎实的理论知识，并不缺乏对学生进行理论教学的能力，但由于没有所学专业实际操作岗位的工作经历，所掌握的实践知识可能只是自己在学校学习时所了解的，比较肤浅，从事教师时间又较短，工作后没有机会去接触本专业的实际操作工作，缺乏实践教学能力。还有一部分缺乏实践教学能力的教师是直接来自高校的教师，从事本岗位教学工作后，只重视理论研究和教学工作，忽视实践教学能力的提高，对本专业实践知识的掌握深度不够，导致实践教学能力缺乏。只有实践，没有理论的教师则是从企业中来，他们大多没有受过师范类的教育，不是科班出身，没有进行教育学、心理学等系统学习。很多教师只是参加了教师资格考试，对心理学、职业道德不甚理解，所以他们可能有很高超的专业技能，但是缺乏理论基础，刚上讲台时往往会手足无措，表达不出来，没有任何教学手段和技巧，自己会的东西不一定能传授给学生。所以，高职教师存在教学能力低下的问题，致使学生对教师的评价度也会降低。

第三节　中国高职教育对英语教师的要求

一、我国高职教育概况

（一）高职教育规模快速发展

从招生情况看，2023 年 7 月 5 日，教育部发布了《2022 年全国教育事业发展统计公报》，数据显示：高职（专科）学校 1489 所，比 2002 年增加 3 所，校均规模 10 168 人。高职（专科）招生 538.98 万人（不含五年制高职转入专科招生 54.29 万人），同口径比 2002 年增加 31.59 万人，增长 6.23%。高职（专科）在校生 1670.90 万人，比 2002 年增加 80.80 万人，增长 5.08%。高职（专科）毕业生 494.77 万人，比 2002 年增加 96.36 万人，增长 24.19%。高职（专科）学校 61.95 万人，高职（专科）学校生师比 19.69：1。

（二）定位职责更明晰

教育部日前发布的《中国职业教育发展白皮书》指出：进入新时代，中国政府高度重视职业教育，把职业教育摆在经济社会发展和教育改革创新更加突出的位置。国家教育行政学院职业教育研究中心主任邢晖表示，十年来，党和政府高瞻远瞩、举旗定向，对职业教育关怀备至。

从 2014 年召开全国职业教育工作会议，国务院印发《关于加快发展现代职业教育的决定》；到 2019 年国务院印发《国家职业教育改革实施方案》；再到 2021 年召开全国职业教育大会，中办、国办印发《关于推动现代职业教育高质量发展的意见》，新时代职业教育不断加大政策供给、创新制度设计。

职业教育是国民教育体系和人力资源开发的重要组成部分，肩负着培养多样化人才、传承技术技能、促进就业创业的重要职责，这是党中央在新时代作出的重大论断。十年来，职教领域的一系列深化改革举措均围绕此展开。

（三）教育体系更完善

更新职业教育专业目录，设计构建"中职—高职专科—高职本科"纵向贯通的职业学校体系、国家教学标准体系，开展学徒制和产教融合型城市试点，建设职业教育国家专业教学资源库……顺应新的职责使命，十年来，我国始终把构建完整体系作为发展职业教育的核心任务与逻辑主线。

职业教育是我国高中阶段教育和高等教育的半壁江山。谈教育的现代化和高质量发展，离不开职业教育。经过十年努力，具有中国特色的现代职业教育体系已基本形成。如今，中职基础地位进一步巩固，专科高职主体地位不断强化，职业本科教育牵引力持续增强。通过职业教育，我国正源源不断地培养高素质技术技能人才。

现代职业教育体系趋于完善，层次结构更加完整。中职和专科高职教育不再是学历终结的教育，不仅可以直接衔接，还能与职业本科及以上学历贯通起来。职普融通、育训结合、学分银行等，加宽加长了学生成才之路，更好地满足学生就业有门、升学有路、继续发展有基础、创业有优势。

（四）类型特色更鲜明

2022 年 5 月 1 日，酝酿已久的《中华人民共和国职业教育法》正式施行。"职业教育是与普通教育具有同等重要地位的教育类型"首次以法律形式被明确。

明确职业教育类型特色是我国教育理论的重大创新。职业教育实现由参照普通教育办学向相对独立的教育类型转变，有利于解决职业教育"怎样培养人"的问题。

立足实用性特色，紧密对接国家重大战略、产业升级和技术变革趋势调整职业教育专业；强调开放性特色，鼓励行业企业积极举办、社会力量深度参与的多元办学；深耕专业性特色，壮大"双师型"教师队伍，深化产教融合、校企合作。十年来，职业教育类型特色不断优化，成为职教领域重大成就之一。

（五）高职院校的办学模式趋于多元化

校企合作、产学研结合的办学取得成效。高职专科院校充分利用当地条件并结合自身实际，积极探索产学研一体化的办学新模式。例如，广东顺德职业技术学院充分发挥政府在产学研结合中的统筹与服务作用，形成了官产学合作办学模式，使政府、学院和企业三者之间互动联合，强化了学校与企业之间的联系与互动，使培养目标更加明确，办学特色更加鲜明。

二、高职教育政策和内容设置存在的问题

（一）高职教育政策出台存在的问题

首先，我国高职教育政策开发和制订的参与部门相对单一。我国高职教育的培养目标是高等技术应用型专门人才，与该目标相对应的人才培养过程需要多个政府部门的配合。然而，我国高职教育主要由各级教育部门管理，相关政策的开发和制订也主要由各级教育部门完成，由此导致高职教育政策开发和制订参与部门的单一化现象，进而导致高职教育政策的约束力局限于教育部门，难以调动其他政府部门的参与，严重影响了高职教育的健康发展。

其次，我国高职院校在政策开发和制订中的作用相对薄弱。高职院校是高职教育政策的直接作用对象之一，高职教育政策的开发和制订与高职院校的发展息息相关。然而，我国高职院校在政策开发和制订过程中发挥的作用十分有限，政策开发和制订部门针对高职院校开展的广泛征求意见活动相对较少，高职院校的发展诉求难以通过有效的上升渠道在政策层面得到准确反映。

（二）高职教育政策的实施效果不佳

目前，我国高职教育政策的实施效果不佳，这集中体现在我国高职教育

政策与外部环境的关联度较低上。究其原因，我国高职教育政策的开发和制订过程具有显著的"计划型"痕迹。"计划型"的政策开发和制订思路缺乏灵活性和变通性，对外部环境变化与系统自身协调性的考虑较少，忽视政策问题的复杂多变，容易造成相应的规范和举措具有一定的行政命令色彩，并导致政策方案的刻板生硬和人性化缺失。另外，囿于"计划型"的政策开发和制订框架，政策开发和制订过程中的越位或失位现象时有发生，难以形成与外部环境变化相呼应的政策引导与释放机制，并阻碍预期政策目标的顺利实现。上述两方面的弊端最终导致我国高职教育政策与外部环境的关联度较低，难以满足不断变化的外部环境对高职教育发展的要求。

（三）非认知技能类高职教育内容设置缺失

目前，我国高职教育在内容设置上普遍重视专业技能培养，忽视非认知技能教育。高职院校普遍把学生专业技能的培养置于高职教育内容的核心地位，而非认知技能教育则逐渐边缘化，仅仅通过开设公共基础课程和选修课程等方式得以体现，缺乏必要的通识技能类课程。此外，在我国高职教育的理论课程设置领域，长期存在"够用适度"的理念。然而，许多高职院校对该理念的基本前提、内涵外延和评价方式的理解存在偏差，在高职教育理论课程的取舍和增减方面多凭主观臆断、缺乏实践验证，这进一步降低了学生接受非认知技能教育的质量。对非认知技能教育的忽视一方面阻碍了学生养成良好的工作态度和职业道德，进而限制了学生的工作准入素质和延伸发展能力的养成，最终导致学生由学校到职场的转换与衔接不畅；另一方面，对非认知技能教育的忽视还导致学生的全面发展受到限制，高职院校的人才培养目标也由"完人"异化为"匠人"。

（四）可持续发展类高职教育内容设置被忽视

目前，我国高职教育内容的设置普遍重视短期利益诉求，忽视可持续发展教育。只有部分高职院校开设了资源环境与城市管理、环境监测与治理技术等与可持续发展相关的专业。此外，还有为数不多的高职院校通过开设专业选修课和渗透式教学的方式开展可持续发展教育。但是，我国高职院校的可持续发展教育目标并不明确，适合可持续发展教育的教材和师资十分匮乏，相关教学内容呈现出零散无序和杂乱无章的特点，教学模式和教学方法也有待进一步丰富和完善。总体而言，我国高职院校的可持续发展教育情况不容乐观，学生获得的与可持续发展相关的知识结构缺乏系统性，学生的可持续发展相关素质较弱。我国的社会与经济发展多重视眼前利益，普遍缺乏可持续发展意识和观念，这种趋势逐渐蔓延至高职教育领域，直接导致高职院校对可持续发展教育的重要性认识不足，严重影响了可持续发展教育的推广和实施。

三、高职教育的现实问题

中国将成为世界上最大的制造业中心，人才紧缺是不争的事实，培养人才靠教育，培养制造业应用型人才主要靠高职教育。

不容置疑，近几年，我国高职教育发展迅猛，形势喜人，但繁荣表象的背后，当前高职教育面临诸多困难，不少问题与矛盾有愈演愈烈之势，不仅直接困扰高职教育的健康有序发展，对国民经济发展也将产生不小的影响，所以必须引起各方高度关注。对于时下高职教育存在的问题，业内业外说法很多，建议也不少，可谓仁者见仁，智者见智。笔者以为当前高职教育核心问题可归纳为"五少"，即社会少认同、法律少明细、政府少作为、办学少特色和就业少出路。

（一）社会少认同

对高职的认同度不高，是当今社会的主流思想。种种现象表明，就国家社会而言，高职是次等教育；就家长学生而言，高职是无奈的选择；就用人单位而言，高职毕业生是一锅"夹生饭"。总之，高职在现实中遭遇到了认可却不认同的命运。

（二）法律少明细

我国没有高等职业教育的专门法律，现行的高等职业教育的相关法律多为目标性和原则性的规定，缺少具体可操作性的规定，致使很多涉及高职发展的实质问题都因缺乏法律依据而无从落实。

（三）政府少作为

很多地方政府无论是在高职教育的宏观外部环境优化上，还是在高职教育的统筹规划和政策制定实施上，抑或是在协调高职与各相关行业、企业的互动联系上都认识不到位、力度不够、投入不足。简言之，政府在高职教育发展中没有扮演好管理者、协调者、监督者的角色。

（四）办学少特色

当前我国大多数高职院校自身定位不准，有的办成了本科的"压缩饼干"，有的又成了中专的"发面馒头"。定位尚且不准，特色又如何形成？高职应向何处去？高职应如何办学？越来越多的人已认识到，这既是一个理论问题，更是一个实践问题。

很显然，以上"四少"不解决，高职就难以健康发展。为求形成共识，以便上下努力，在改革创新中实现高职教育的新发展，笔者有必要对由这"四少"引发的高职教育的种种矛盾作进一步剖析。

四、高职教育的地位

（一）高职的竞争地位不利

一方面，在现行升学考试制度下，高职在高招中的录取批次及分数划段，主客观上都必然造成"低分学生进高职"的现状，另一方面，许多规定人为制造高职生与普通大学生的区别，如助学贷款、公费医疗、生活补助等，这些都强化了传统的教育偏见和教育类型歧视。

（二）社会舆论将高职教育视作"次等教育"

部分学者和领导认为，发展职业教育的目的就是要使普通教育的"落榜生"有学可上，以便延缓就业、支持社会稳定，同时为社会培养高素质的劳动者。按照这样的逻辑得出的结论，职业教育自然只能是次等教育。加之传统的等级制度和身份观念使大众对高职低眼相看。学而优则仕，传统的"读书做官""劳心者治人，劳力者治于人"的思想在人们头脑中根深蒂固，进机关当"白领"待遇稳当，到车间当"蓝领"低人一等，这种心理定式在短时间内难以改变。

（三）家长和学生对高职望而却步

高职教育还没有得到社会的普遍认可，尽管有些企业提出高薪聘用"高级技工"，但综合来看，技术工人的身份地位还是偏低，收入也是偏少，这更加重了人们对高职的漠视。

重学术、轻应用，重普教、轻职教的思想在社会中占主流地位，这固然与中国传统文化影响有关，也与我国现行的教育制度有关联。

第四节　高职英语教师职业发展规划路径

高等职业技术教育的目的是培养生产、建设、管理、服务第一线的高级技术应用型人才。在应用型人才培养背景下，高职专业英语教育的目标就是全面提高高职学生实际应用英语的能力和语言交际能力，使其在职场环境下能用英语进行简单的交流与沟通，具有一定的综合文化素养和跨文化交际意识。这种高素质的复合型专业英语人才的要求，与高职学生的薄弱的英语基础是存在矛盾和冲突的，这也是高职院校专业英语教师实际工作面临的困境，高职院校专业英语教师必须积极采取有效策略，通过"自主发展"来缓解问题。为促进高职专业英语教师自主发展，就需依托专业组织，通过专业训练，将专业知识技能不断内化为自身的教育素质，通过教学、学习和研究三个环节促进高职院校专业英语教师自主发展，即知识与技能、经验与能力、师德与素质等方面协调发展。简单地说，专业英语教师更新教育观念，运用于教学实践中，反思教学问题，通过自主发展学习分析教学问题，获得解决问题的方法并不断地运用于教学实践，评价其教学效果与教学质量，培养出整个社会所需要的优秀的高端技术应用型人才。

一、转化高职院校专业英语教师自主发展的新思路

(一) 坚定教师信念，树立自主发展观念

坚定教师信念是专业英语教师专业发展的基石，高职院校的专业英语教师只有树立坚定的理想信念，把教书育人，培养应用型人才作为自己一生的目标，才能更快地促进自主发展。理想信念并不是抽象空洞的，对于高职院校专业英语教师来说，首先，在政治上保持先进，时刻审视自己，评价自己，反思自己，用身正为范严格要求自己；其次，爱岗敬业，加强师德修养，具有良好的道德情操，自觉践行自己的教育使命；再次，有仁爱之心，重视学生，建立良好的师生关系，树立并实践素质教育的观念，善于与学生交往，学习做一名尊重、理解学生，并能真正做到与学生平等相处的专业英语教师；最后，有工作责任心，根据自己实际情况和发展需求，以开放的心态自主选择专业发展的路径，在专业发展的道路上积极自我批判，在教

学与科研中锐意改革，把自主发展的观念一直贯穿于自己工作的始终。

（二）优化知识结构，不断丰富专业知识

单一的知识结构是制约高职专业英语教师自主发展的重要因素。当今社会高速发展，知识更新迅速，作为高职院校的专业英语教师应该优化自身的知识结构，加强自主学习，不断更新专业知识，努力做一名终身学习型教师。研究表明，优秀的高职专业英语教师应该具有丰富的专业知识素养。高职院校专业英语教师应掌握一定的英语学科知识，如英语语言学知识、跨文化知识、英美文化知识和社会背景知识及习俗等，提高自身的英语语言涵养。高职院校专业英语教师还应掌握一定的英语教学知识和教学理论，包括英语教学法、英语教学研究、英语教学推理及决策能力以及英语交流能力等知识。

高职院校专业英语教师首先应学习教育基础理念知识，如先进的教育理念、课堂教学及管理能力、高职学生心理学及其他新教学观等。其次，关注国内外学术动态，浏览国内外的英语网站，汲取当代最先进的行业背景相关的前沿知识，提高专业英语素养，能以开放的心态培养学生的交流意识。再次，加强国内外书籍的阅读，如定期浏览《华盛顿邮报》、专业学术期刊等，不断提高自身的专业研究水平。最后，积极参加网上英语聊天，锻炼口语和听力。需要注意的是，专业英语教师还要注重加强行业背景知识的储备，能积极参与到寒暑假期的下企业进行锻炼，学习企业所需要的从业资格方面的相关知识，以便培养出市场所需要的技术技能型人才。

（三）重视教学反思，改进课堂教学方法

高职院校专业英语教师在促进自主发展的同时，不仅要丰富自己的知识结构体系，还要重视教学反思，不断提高自身的组织课堂活动教学技能和使用教学手段技能[①]。反思的内容是多方位的，可以是教学目的、教学内容、教学效果等；反思的方式是多角度的，可以是他人对自身课堂的评价、观摩同事讲课、学生反馈情况等。通过教学反思—实践—再反思—再实践的不断循环过程，找到自己课堂教学中的薄弱环节，剖析其关键问题，找出改进对策，在以后的教学中不断实践和完善。高职院校专业英语教师改进课堂教学

---

① 惠敏侠. 高职行业英语教师专业发展途径探析 [J]. 漯河职业技术学院学报，2012（4）：15-18.

方法，可推动其自主发展。高职院校专业英语教师应充分考虑学生的学习兴趣与需要，在因材施教的基础上，创设良好的课堂环境，运用现代先进的教学方法提高英语课堂教学实效。例如，专业英语教师可采用"主导型"教学模式，通过情境教学、案例探讨、合作学习、探究教学等教学方法，调动高职学生参与课堂学习的积极性与主动性；争取提高多媒体语音室的利用率，加强高职学生感受、体验教学过程、听说和即景表演练习，培养高职学生专业英语的运用能力；制作精美的多媒体教学课件，为学生提供实用的专业英语学习虚拟环境，以项目驱动法来开展动态特色教学，不断拓展相关知识信息量，增强课堂教学的生动性、形象性和现场感；探索学习机制，鼓励学生探索有效的学习方法，如争论提问法、重复学习法、词汇记忆法、合作学习法、课外学习法、交叉应用法等，帮助学生快速记忆单词，提高高职学生英语词汇量。同时专业英语教师作为语言实践的指导者和协调者，还要把课堂教学与自主学习相结合，针对高职学生的实情制订教学计划，尝试新的教学模式和方法，不断进行教学反思，改进课堂教学方法，提高教学实践的实效性和教学质量，从而有利于实现专业英语教师的自主发展。

（四）加强行动研究，增强教育科研能力

高职院校专业英语教师的教学任务繁重，社会和外界对高职教育的教学质量要求较高，教师为了教学测评顺利通过，钻研学术的时间相对减少，在教学过程中加强行动研究能有效地解决这一尖锐矛盾。行动研究是指专业英语教师立足于教学实践，在自我探索和自我批判的基础上，把实践经验提升到理论的高度，是专业英语教师自我反思的最高境界。行动研究不同于传统的教育研究，高职院校专业英语教师从分析学生学习需求出发，使用系统科学的方法，运用教学理念指导教学研究，形成自己的研究报告，撰写研究报告就是对教育实践理论的提炼，在学术刊物上发表研究报告，与同行交流，接受他人的评价和质疑，加强相关教学实践理论的研究，深入地指导教学工作，这又是一个提高科研理论水平的过程[①]。高职院校专业英语教师要以注重行动研究为契机，加强学术研究，提高自身科研素质，促进自主发展。一些高职院校专业英语教师由于自身学历水平较低，没有接受过正规的研究

① 童丽玲. 高职英语教师专业化发展 [J]. 长沙铁道学院学报，2012（6）：12-14.

生教育，科研意识淡薄，缺乏科研知识，没有有效的科研方法，开展科研工作存在一定难度，科研能力的缺失大大地制约了专业英语教师的自主发展。因此，高职专业英语教师要树立科研意识，把教学中积累的大量经验作为科学研究的丰富素材，使教学和科研密切联系，将增强科研能力和提高科研水平作为促进自主发展的一个重要条件。开展科研不是一件容易的事，也并不是高不可攀的事。作为一名普通的专业英语教师需要学术专家的引导和指导，要团结在学术带头人身边，虚心向学术造诣深的教师请教，能快速地了解本学科的学术发展状况，快捷地掌握一些常用的科研方法和技能。

专业英语教师还可以参加国内外研讨会和学术会议，汲取科研经验，点燃科研热情，较快地掌握做好科学研究的手段，愿意投入科研中，增强科研能力便成为自主专业发展的途径之一。

二、搭建高职院校专业英语教师合作学习的新平台

（一）构建合作的专业英语教师文化

营造合作的专业英语教师文化，不仅能更好地促进专业英语教师进行合作学习，取长补短，还能极大地促进专业英语教师的发展。

高职院校合作的专业英语教师文化，包括专业英语教师群体的工作态度、教学风格、思维文化及价值观。专业英语教师形成的合作文化是一种独有的群体文化氛围，是一所学校精神文化的一部分，是教师教育教学创造的智慧结晶，是教师专业发展的基石。构建高职院校专业英语教师之间的合作文化，不仅为教师个人专业发展提供了总的方向与思路，还对学校发展具有潜在性影响。专业英语教师之间的合作学习文化在很大程度上蕴藏于教师专业发展中，依赖于高职院校的校园文化，接受来自教师群体自身精神文化的影响①。英语教师的专业发展不是单个教师的专业发展，而是教师队伍的整体发展，这种群体发展不是表面的肤浅的发展，而是需要有深层次文化的巨大支撑。专业英语教师只有站在资源共享、平等互助、大家共赢的平台上，才有利于创设合作的教师文化，专业英语教师只有在互相支持、信任、谅解的

---

① 黎维红. 基于职业发展的高职英语教师专业化培养途径 [J]. 黑龙江高教研究，2011（10）：56-59.

环境中，才有利于改变固有的思维方式和思想习惯，才有利于专业发展。可以从以下几方面构建合作的专业英语教师文化：首先，高职院校要组织专业英语教师一起制订人才培养计划，一起参与学校的教学改革，一起参与学校的民主管理，专业英语教师只有在组织和时间的安排上团结在一起，才能群策群力，更好地合作；其次，专业英语教师要自觉地分成小组，形成合作学习团队，高职院校应为各学习团队提供互相观摩和写作教学的机会；最后，高职院校要培养专业英语教师良性的合作动机意识，通过组织集体备课，分享备课材料、教学计划，形成集体经验，共同努力做好教学改革，形成互相配合、互相合作、互相欣赏的价值观，更快地促进专业英语教师的专业发展。

（二）提供充足的合作学习资源保障

开展合作学习，不能仅仅依靠专业英语教师个人的自主发展意识，还需要学校提供充足的学习资源，支撑并保障专业英语教师的专业发展。首先，高职院校应该提供充足丰富的学习资料，不仅仅是国内外的英语书籍、报纸、杂志，还要收集经济发达地区高职院校专业英语的学习教材，更要收集国外最新的专业资讯，以保证专业英语教师在自主学习的基础上，更好地汲取先进的专业知识。其次，高职院校应创设校园网络学习平台。在知识更新、资讯发达的现代社会，创设知识共享的网络平台，以满足专业英语教师随时随地在线学习，专业英语教师之间、专业英语教师与学生之间、专业英语教师与外界之间坦诚友好地交流互动，及时有效地传递工作中遇到的问题，寻找合适的知识方案解决现实中的矛盾与问题。最后，高职院校还应该组织专业英语教师进行信息技术培训，提高他们的信息化建设能力，使用计算机和网络平台进行合作学习的技能。专业英语教师通过培训，能充分运用多媒体教室，使用新媒体教学，制作 PPT 课件，在大学城空间进行网络教学，或通过电子邮件、QQ 群、飞信、微信等多种形式与同行进行交流。更重要的是还能推动专业英语教师与学生之间的合作，专业英语教师可以借助虚拟网络与内向的学生、不善言词的学生进行深入沟通，更好地了解学生对自己课程的看法和感受，明确学生心中对课程开发的需求，了解自己专业发展的优点与不足，及时调整自己的教学组织与安排，改进教学方法和手段，在无限靠近学生专业发展的同时，更好地推动自我专业发展。

总之，高职院校只有保障充分的学习资料，专业英语教师才能有所作为，更好地利用学习资源，整合学习资源，创新学习资源，从而提高自身获取信息与交流协调的能力、增强加工处理信息的能力、发展自主学习和科学探究的能力。专业英语教师通过这些能力的大幅增长与提高，专业素养得到进一步提升，专业发展也在预期之中。

（三）建立健全的教师合作学习制度

搭建合作学习的新平台离不开合作学习制度的保障。建立健全教师合作学习制度，不仅能保证专业英语教师专业发展的正确方向，而且能赋予专业英语教师专业发展生生不息的生命力。在高职院校的教育实践中，学校需要建立健全的教师合作学习制度，包括合作学习计划制度、中心组学习制度、固定学习日制度、业务学习制度、调查研究制度、参观考察制度等。具体表现为合作型的领导制度、与教研室相关的合作学习制度、师徒制的教师教育制度、教师合作的奖励和评价制度①。一是合作型的领导制度。高职院校专业英语教师的专业发展需要一个民主、开放的管理空间，每位教师能以平等的身份参与到教育管理过程中。合作型的领导制度有利于学校领导与教师之间的合作领导，有利于教师与教师之间的平等合作，有利于塑造学校全体师生的合作氛围。二是与教研室相关的合作学习制度。与教研室相关的合作学习制度包括听课评课制度、集体观摩制度、跨学科集体研讨制度、集体备课制度、同伴互助制度、校本教研制度等，这能充分发挥教研室在搭建合作学习平台中的作用。三是师徒制的教师教育制度包括初任教师的培训制度和监督制度。以老带新一直是各级各类学校强调的传统做法，在高职院校中尤为重要，当师徒制上升到导师制的高度时，就能保证新老教师的合作学习的效果。四是教师合作的奖励和评价制度，包括资金奖励、荣誉奖励、课题激励和晋升激励，这四方面制度能调动教师合作学习的积极性，激发教师合作学习的热情，大大缓解教师们受不良风气影响而产生的恶性竞争。

（四）寻求新的教师合作学习形式

学校的发展需要各方面力量的合作，教师自身的发展也需要教师们学会合作。我们不得不承认教师们合作学习能创造更大的价值和奇迹。高职院校

---

① 刘春霞. 高职高专英语教师专业发展问题的思考 [J]. 世纪桥，2011（7）：43-45.

可以从三方面帮助专业英语教师寻求新的合作形式。一是小组合作。这是近年来欧美国家比较提倡的小组合作学习形式之一，是两名或两名以上的教师针对教学目标共同设计教学活动，解决教育教学问题，反思课堂教学的得失。小组合作可以贯穿于课程准备、示范教学和课后研讨三个阶段，教师们以小组为单位分享知识，交流想法，共同研读教材，设计课程，探讨教学方案，反馈公开课、示范课的教学效果，互相学习和纠正教学中的不足，改进教学策略，提高教学效果。二是专业对话。专业对话是指教师与同仁们交流切磋，在专业领域，对一些专业教学问题能达成共识或形成积极思考，增进相互理解。专业对话的教师可以是本学校的教师与教师，也可以是本学校的教师与校外教师，还可以是本学校的教师与高校专家，集中集体智慧，借鉴他人的观点、知识经验、建议和智慧，拓宽自己的专业发展视野。通过专业对话，教师们各自不同的学历背景、思维方式以及生活方法都能进入一个融合、整合的阶段，更容易对教师专业发展产生共鸣，增强专业英语教师合作学习的意愿。三是虚拟共同体。教师虚拟共同体是指通过网络为教师与其同伴创设一个安全的互相学习的环境，一个持续交流的方便途径，使拥有共同兴趣和关注同样问题的教师凝聚在一起，参加同一个对话，讨论专业教学中的热点和挑战①。这种合作学习突破了交流与合作面对面、真实的情景的局限性，扩展至网络化的、虚拟的空间，合作学习不再是简单的面对面的交流与合作，不再受时间和场所的限制，更不受资历、辈分等人为因素的影响，虚拟合作学习接通了互联网，以新媒体为平台，使高职院校的专业英语老师实现了网上随时学习与交流，实现了延时交流与对话。虚拟合作学习可以使教师在合作学习中畅所欲言，开诚布公地阐发、辩驳、批判自己的理念与见解，可以与同伴细心沟通，也可以多人共同探讨一个主题，从而实现观点与心灵的真实碰撞。

三、构建高职院校专业英语教师在职培训的新模式

（一）校本培训模式

校本培训作为教师在职培训的一种新模式，兴起于 20 世纪 90 年代，可

---

① 马晓燕，杨善江. 高职英语教师的信息素养及其培养路径研究［J］. 河南科技学院学报，2010（10）：15–18.

作为教师教育的一种基本思潮。在专业英语教师教育领域，校本培训是全面化培训的一种主要方式，一般是由教育主管部门规划，由学校具体实施的培训模式，着眼于利用丰富的教育资源来增长教师的教学经验，提高教学技能，达到"知""能"并重的目的，促进教师的专业发展和学校发展。高职院校的专业英语教师校本培训模式也应有其自身的特点。一是教育主管部门可以统一建构高职院校培训课程内容，这包括职业道德修养、现代教学理论、现代教学方法、教学模式、教学风格、教学基本技能和能力、现代教育技术等。高职院校可以根据自己学校发展的需求和整体目标，独立制订专业英语教师培训计划。二是在开展校本培训过程中，教育主管部门和学校不能把教师当成一群受训者、学习者，而是把专业英语教师当成培训课程的制定者、参与者，并能制订与安排校本培训计划。三是科研课题可以作为高职院校校本培训的重点，在学习中研究，在研究中改进，把教学问题和管理问题作为学校发展的纲领，以此改进高职院校专业英语教师的教育教学实践。四是校本培训并不是学校孤立的或者教师内省的一种培训模式，而是以合作为动力，把师生合作、师师合作、校内与校外合作贯穿于培训的始终，使合作学习成为校本培训的一种基本学习方式。

（二）反思型教师培训模式

反思性培训源于杜威的教育理论，汲取了各思想流派的精华，兴起于欧美等西方国家，是当前比较流行的教师培训模式。反思性培训主张培养教师的反省、批判意识，敏锐地感应问题意识，加强研究和解决问题能力，是一种融反思和实践导向为一体的教师教育模式。针对高职院校专业英语教师的反思型教师培训模式应具有以下特点①。一是在反思型教师培训模式中，专业英语老师处于主体地位，依托教研，发现典型问题，围绕研究专题，对普遍性的教学问题分成小组进行专题讨论，对棘手的教学问题邀请专家共同探讨，以集体智慧解决问题，在交流学习中互补，建构自己新的知识体系。二是改进教学行为。专业英语教师要成长为反思型教师，就要开展自主演讲学习理论知识，并自觉运用理论知识觉察自己的教学行为，洞察自己的教学行为与倡导的教育理论之间的差别，以便找到改进教学行为的相应措施。三是

---

① 叶小明. 高职院校教师专业发展研究［D］. 武汉：华中科技大学博士论文，2009：95-98.

在培训中要把教学实践的反思放在首位。针对高职院校专业英语进行培训的教授，不仅仅是一位学术型专家，更是一名教学反思的实践型专家，教育主管部门应重点培养这样一群学术渊博、技能精湛的反思型专家，这些专家能把课程期望与专业英语教师的专业发展需求相结合，在充分满足当前教学实践需要的基础上，还能对专业英语教师开展自觉的教学活动，帮助专业英语教师精练教学实践的意识。四是教育主管部门应加大培训力度，重点培养专业英语教师的研究能力。针对专业英语教师开展专项课题是一种反思形式的行动研究。这种研究课题的特点是专业英语教师在教学实践活动背景中，以研究指导实践，有意识地发现教学实践中存在的问题，对问题进行深度加工，又对教育理论研究进行有根有据的剖析，创造性地解决提出方案，反思教育教学活动的实效性，从而为教育理论研究提供一些参考。

（三）参与式教师培训模式

"参与式"的学术概念产生于 20 世纪五六十年代，参与式培训模式引入国内可以追溯到 20 世纪 90 年代，它实际上体现了一种新的教育理念，这是一种与传统的主导式教师培训模式相对立的模式。参与式教师培训模式是以参培教师为主体，通过培训教师与参培教师之间的多项互动，共同设计培训资源，创设参与环境，充分运用灵活有趣的参与方法，调动参培教师参与各项培训学习，在参与过程中掌握一定知识技能，形成一定的价值观和实践经验①。一般而言，针对高职院校专业英语教师开展的参与式教师培训应具有以下特点：一是培训内容和培训方式是开放的，专业英语教师可以以参培教师的主动学习为基点，自行设计培训内容或者提出培训设计建议，培训教师也需要根据参培者的需要随时改变自己的培训内容和培训方式。二是培训教师与参培教师之间是平等合作的关系。培训教师要给予专业英语教师充分表达的自由与机会，以小组合作学习为主线，开展研讨性质的培训活动，促使培训双方相互切磋与相互学习。三是培训过程具有娱乐性、丰富性和可操作性，培训教师可根据知识安排操作练习，培训教师将所学的理论运用于操作练习中，寓教于乐，力图使参培者在学习中轻松愉快又学以致用。四是培训能充分发挥培训教师与参培者的创新性。参与式培训以教师为本，将合作学

① 曹冬梅，张青莲. 高职公共英语教学改革中教师专业化发展探讨［D］. 长沙：湖南师范大学硕士论文，2009：58-62.

习的理念迁移到教学实践中，有利于调动专业英语教师参与的积极性与热情，帮助专业英语教师在反思中认识问题的多维性，并根据其原有的经验修正过时的、陈旧的或错误的教育教学理念，促进新的认知结构和创新实践能力的动态持续发展。

（四）案例培训模式

案例培训模式最初是 MBA 教学的重要模式之一，近年来被高职院校广泛运用于师资培养培训中。案例培训模式是指围绕培训目标，以案例为培训材料，把实际中的教育教学实践情境加以典型化处理，通过培训教师与参培者平等对话、独立研究和相互讨论来提高教师的决策能力、解决问题能力和行动能力。它不仅强调培训教师的引导，更要求参培者的研讨。案例培训模式具有以下特点：一是对培训机构的管理素质要求高。教育主管部门要及早作出统筹规划，要求培训机构制订实施计划，要求教学组织管理井然有序，研制评价方法，评价案例培训活动。二是对培训教师的素质要求高。教育主管部门要选拔高素质的专业英语教师作为培训导师，培训导师要熟悉高职教育，拥有行业实践背景，具有国外留学经历，对专业英语教学有清晰的认识和前瞻性思考，综合素质和专业素质缺一不可。三是注重设计与开发专业英语教学案例。案例的设计与开发要坚持问题导向，一方面能联系教育教学实践，另一方面整合相关联的类似案例，有机结合教学问题，以便专业英语教师学以致用①。教学案例的设计与开发研究工作还要呈现动态变化，培训目标和培训内容不断调整与完善，要依靠集体智慧，将个人的研究与集体的作用有机结合，增强案例的科学性。四是培训案例要与培训目标相一致。培训目标具有多重性，参培者本身具有差异性，培训使用的案例难易要适当，要贴近高职院校，尤其要选择参培者不易真正理解又非常关注的，能研究又不知如何开展研究的案例内容。唯有如此，才会激发参培者的主动性，增强专业英语教师培训的实效性。

总之，高职院校专业英语教师应坚定信念，树立自主发展意识，优化知识结构，重视教学反思，加强行动研究，增强科研能力，通过自主学习，自觉寻求专业成长。专业英语教师还要加强合作学习，加强专业英语教师之间

---

① 褚小宝．高职院校教师专业发展的现状及对策研究［D］．上海：华东师范大学硕士学位论文，2008：35-39.

的合作学习，专业英语教师与专业教师之间的合作学习，专业英语教师与学生之间的合作学习。高职院校要营造合作学习的文化，提供合作学习的资源，建立合作学习的制度，寻求新的合作学习形式，坚持全体专业英语教师在合作互动中的主体地位，发挥其个人专长，谋求其专业成长，实现各自的专业发展。此外，专业英语教师还要通过各式各样的在职培训模式，在教育主管部门和高职院校的共同努力下，开展具有特色的、针对性的、行之有效的现代在职培训，保证高职院校专业英语教师专业发展得更好更快。

第二章　高职英语教师的职业发展现状

第一节　高职院校专业英语教师专业发展的问题及原因分析

一、高职院校专业英语教师专业发展的问题

(一) 教师队伍现状分析

调查结果显示,目前高职专业英语教师队伍结构不甚合理,具体表现为以下几个方面。

1. 男女比例严重失调

高职院校专业英语女教师的数量大大超出男教师,与男教师数量的比例为 4:1。虽说高职院校理工科专业比文科专业占比多,但女教师明显多于男教师,且专业英语教师是女生占优势的专业,由此,专业英语教师几乎全是女教师现象特别突出。女教师通常家庭责任心重,尤其 31~40 岁的女教师,孩子还处于幼儿期,正是依赖母亲和需要母爱的关键期,导致她们没有更多的时间和精力来做教学科研,大多满足现状,无法实现自主专业发展,专业发展更是停滞不前。

2. 年龄与教龄结构断层

通过调查可以看出,湖南省高职院校专业英语教师队伍现状存在明显断层,也就是说,中老年教师占到八成,而年轻教师却不到一成。

这在一定程度上与教龄现状相符合。在教龄上,4~10 年的中青年教师占 58.33%,这和教师的年龄比较吻合。这种现状的存在是高职院校的合并与升级导致的。年轻教师是整个教师队伍中充满新鲜血液和活力的部分,培养后备力量是学校的中心任务。中青年教师是中坚力量,有丰富的教育教学的实

践经验，正处于专业发展的关键期和"高原期"。他们工作多年，对教学工作和专业发展方面已然失去当初的热情和激情，对未来的职业生涯也缺少规划。学校只有加强对中青年教师的培养，并给予他们更多的人文关怀，才能帮助他们把握住关键期，顺利地度过"高原期"，最终成长为专业带头人和教学骨干，湖南省专业英语教师方面的名师。

3. 教师职称结构不合理

目前，只有 37.50% 的教师具有中级职称，副高职称的教师仅占 6.67%，且没有一个正高，还有 9.17% 的教师没有职称，初级职称比例高达 46.67%。这种极不对称的职称结构与高职院校职称评聘政策和科研指标相关。在开放式问题调查中，不同的教师对制约高职院校专业英语教师的影响因素有不同的见解。但高职院校大多数专业英语教师认为职称和科研是影响专业发展的最大因素。一方面，空不出中级和高级岗位，初级和中级教师就无法进行职称评聘；另一方面，省教育厅职称评聘中对科研的要求很高，专业英语教师既需要省级课题，还需要完成发表北大核心和南大核心等硬性指标。有教师在分析专业英语教师职称评定中，明确指出高职院校的商贸专业英语教师、物流专业英语教师和汽车专业英语教师等专业英语教师由于专业的限制性，与其他专业教师相比，在职称评定中缺乏优势，2010 年至今，仅有极少数专业英语教师被评定为高级职称。专业英语教师高级职称评定的难度不言而喻，就连评定中级职称的也要论资排队，专业英语教师职称评定中遇到如此大的限制与阻碍，从而导致职称结构不合理，专业英语教师队伍专业发展缓慢。

4. 教师学历结构不合理

从第一学历和最后学历来看，非英语专业所占比例较少，分别为21.67%和5%。可见，专业英语教师专业结构是较为合理的。这间接地表明，高职院校专业英语教师通过大规模的学历补偿教育和在职进修，学历已全部达标，且大致符合专业要求。但专业英语老师在脱产进修、同等学力教育和在职攻读教育硕士学位等形式的学习活动中以文凭的获得为重要目的，而不是以获得知识和能力为目标。

如此重的功利思想，使得学历的提升毫无实用价值。学历的提升并没有促进专业英语教师专业发展，仅仅使专业英语教师达到了高等职业技术教育对教师资格的学历要求。尤其突出的是没有一名专业英语教师具有博士学位，这显然与当前高等职业教育人才培养的要求相冲突。高等职业教育以培养高端技能型人才为主，不能忽视培养高职学生的科研能力。目前，高职院校大量引进学术性高端人才以推动学校发展，这不仅仅是人才竞争的需要，更是学校专业英语教师队伍建设的需要。只有把内培与外引相结合，教师学历结构的低层次问题才能得到解决，专业英语教师才能满足专业发展的基本条件。

5. 教师角色定位不明确

从教师的工作任务和课时分配来看，高职院校专业英语教师的任务还是比较重的。一般来说，除了满足必要的课时量，教师还要担任其他行政工作。这导致高职院校专业英语教师作为一名专业课的教师，对自己的角色定位不清晰。在实际工作中，当学校开设的专业英语课时不多时，部分高职院校专业英语教师课时较少，不能满足必要的课时量，这时高职院校专业英语教师不仅要教专业英语课，还要教公共英语课，也教其他文化课和专业课。

此外，专业英语教师不同于其他专业课教师，以汽车英语教师为例，一名英语专业毕业的教师很难在角色定位上成为汽车专业的"双师型"教师。

(二) 教师专业发展存在的主要问题

1. 对专业发展的必要性认识不充分

对专业发展认识不充分导致教师缺乏自我发展意识，缺乏专业发展的内在需求与动力，也就不可能有教师的专业成长。因此，教师只有明确自主发展意识对专业发展的重要性，挖掘自我潜能，主动追求专业成长，明确发展需求，具有规划意识，并把规划落实到行动中，才能最终实现专业发展。湖南省高职院校专业英语教师普遍表现为教师专业发展目标定位模糊和肤浅。调查显示，22.50%的教师"没有考虑过"，59.17%的教师"很关心，但不知从何做起"，10.83%的教师"听从领导安排"，7.5%的教师"主动思考自己的发展，有明确目标"。这反映出目前湖南省高职院校专业英语教师比较迷茫，大部分教师并不关心自己的专业成长，漫不经心地对待自己的专业发展，个别教师甚至没有考虑过自身专业成长。因此，教师具有专业自主发展意识，才能积极制定自我专业发展目标，充分认识到自身专业知识和专业能力发展方面存在的不足，能自觉规划自己的职业生涯，并付诸行动，从而真正实现专业发展。专业发展意识淡薄与教师的自主学习意识薄弱息息相关。

专业英语教师自主学习状况令人担忧。近五成的教师从未利用自己的业余时间进行自主学习。现实情况是专业英语教师平时忙教学，假期忙招生，工作任务繁重，加之他们专业发展意识淡薄，自主学习无从谈起。另外，高职院校专业英语教师获取专业英语新知识的途径单一，有机会参与"外出学习和交流"的教师仅占两成。通过以上调查结果可以看出，湖南省高职院校专业英语教师学习资源匮乏，外出交流和学习机会少，专业发展可谓是前程美好，道路艰难且缺少必要的辅助条件。

2. 教育教学理念落后

教育教学理念是教师对教育教学活动的认识，是从事教学实践活动的信念，教师的教学模式、教学手段及对教学内容的处理都深受其教育教学理念的影响。但由于高职院校的专业英语教师大多来自非师范院校，缺乏系统的教育教学知识，更没有接受过系统的师资训练。他们在进入高等职业院校之后，通过短暂的岗前培训就开始步入正轨。他们绝大多数都忽视了教育要以人为本，关注学生进步，教师学生在英语课堂学习的指导者和促进者，而不是单纯的知识传授者。就其根源而言，专业英语教师教育教学理念较为落后。大部分教师只注重教学能力，仅有 9.17% 的教师认为教育理念非常重要。在课堂教学中 42.5% 的教师仍然以知识为中心，相对忽视学生的主体地位。他们认为高职学生是一群特殊的大学生，难以培养纠正他们不良的学习基础和学习习惯方法，就仅以单向知识灌输为主，不注重从端正学生的学习目的和态度入手，引导学生的学习兴趣。就其实际情况而言，专业英语教师是课堂的主角，以传授知识为重点，完全忘记了教育的最终目的。当今世界追求的共同教育教学理念是教育的最终目的是教会学生学会学习、合作、生活和创造。教师的责任在于帮助学生进步和发展。高职院校的教学目的不仅是帮助学生掌握基本英语知识，明了英语语言发展的规律，还要让学生学会灵活运用所学专业相关的实用知识，更要让学生习得专业英语学习的方法和能力，增强其语言综合能力，奠定其终身学习的基础。这就要求高职院校专业英语教师更新教育教学理念，改变以传授知识为主的教育观念、以教师为主导者的教学观以及"高职学生难以教化"的学生观。高职院校专业英语教师只有树立正确的教育教学理念，才能真正做到教是为了不教，把学生的进步与发展作为教育教学的最终目的，把最根本、最先进的教学理念运用于教学实践中，培养出高等职业技术教育和社会所需要的高端技术技能型人才。

3. 专业知识匮乏

调查显示，60%的教师缺乏"与学生所学专业相关的专业知识"，专业英语教师专业知识面狭窄，在教学时容易割裂英语知识学习和专业知识学习的紧密性和必要性，忽视培养学生应用英语的能力，导致学生认识不到专业英语学习对专业学习、实习就业和长远发展的重要性，使得专业英语教学如同空中楼阁，好看不实用。28.33%的教师缺乏"英美文化知识"，在教学中枯燥无味，学生难以感受到英语语言学习的美妙。45.83%的教师缺乏"教育科研方法"，直接影响其科研热情，科研能力也难以得到相应的提高。37.50%的教师缺乏"教育管理"，直接影响其课堂教学效果和教书育人的效果。具体表现在，高职院校专业英语教学普遍存在"费时低下的问题"。目前，高职院校大多开设了多门专业英语课，如汽车专业英语、房地产专业英语、旅游专业英语、物流专业英语、计算机专业英语等。这就要求专业英语教师具备整合行业背景知识与教育教学实践知识的能力，更能胜任专业英语的教学。但调查结果显示，60.83%以上的教师认为行业背景知识对英语教学没什么帮助，没有必要了解；仅有10%的教师认为行业背景知识对英语教学非常有必要，应该深入了解。这导致60%以上的教师缺乏与学生所学专业相关的专业知识。由于多数教师认为行业背景知识对教学无关紧要，在讲课过程中很少涉及与学生所学专业相关的行业背景知识，重点讲解的是英语词汇和语法，忽视学生在实际工作中运用专业英语知识解决问题能力的培养。高职院校的专业英语课要具有职业特色，体现行业和市场对专业英语人才的需求，这就要求高职院校专业英语教师应具备比公共英语教师更多的行业背景知识。高职院校的专业英语教师要根据市场的实际需要，在课堂教学中注重把英语知识的传授和专业知识的传授有机结合，使得专业英语课能体现出职业特色，具有存在的独特价值。高职院校专业英语教师应积极参与相关知识的培训，不断更新和优化知识结构，增加专业英语课与专业课的衔接。

4. 教学能力和科研能力有待提高

（1）英语教学能力。调查结果显示，高职院校专业英语教师用英语组织教学的能力不强，不到一成的专业英语教师全部使用英语教学，超过一半的专业英语教师并不热衷于用英语组织专业英语教学，这其实不利于他们的专业发展。高职院校专业英语教师应尽量用英语组织课堂教学，培养学生在课堂中运用英语解决实际问题的能力，培养学生运用英语的能力。这对专业英语教师的英语口语水平和教学方式提出相当高的要求。高职院校专业英语教师只有熟练掌握语言教学规律和学习英语教学法，才能教好高职院校的专业英语。调查发现，"系统学过"英语教学法的教师仅一成，近五成教师几乎没有接触过英语教学法。结果表明高职院校专业英语教师学科教学法知识匮乏，教学方法单一，专业英语教师无法把自己掌握的专业知识有效地传授给学生，教学效果不明显。这表明高职院校专业英语教师教学能力普遍有待提高。

（2）信息技术应用能力。关于高职院校专业英语教师获取专业英语新知识的途径，38.33%的教师认可"网络学习"，这说明网络对于英语教学的重要性不可小觑。开放性的网络平台有广泛的专业英语学习资源，教师们通过这个平台可以共享优质学习资源和教育教学资源。专业英语教师外出交流和学习机会少，很难学到日益更新的信息应用技术。专业英语教师借助多媒体辅助教学，使用现代信息技术，不仅能及时更新自身的专业英语知识，还能提升课堂教学效果。然而，目前只有少数教师"积极探索信息化"，近七成教师几乎不曾使用现代教育技术设备。这一方面反映了专业英语教师信息技术应用能力偏过低，另一方面反映出学校现代教育技术设备落后，缺乏充足的教学资源，对高职院校专业英语教师的专业发展产生不良影响。教育主管部门和高职院校有必要加强对专业英语教师信息技术应用能力的培训。

（3）课堂教学能力。调查发现，60.83%的教师采用最多的是以翻译讲授为主的教学方式，17.50%的教师以任务活动教学为主，14.17%的教师以创设模拟情境为主，6.67%的教师采用多种适合高职学生的教学方法；29.17%的教师根据教学方法与手段选择教学资源，26.67%的教师根据教学目标选择教学资源，10%的教师根据学生学情选择教学资源，3.33%的教师根据教学内容选择教学资源。可见，高职院校专业英语教师教学方式和教学内容较单一，以传统的翻译讲授为主要教学方式，创设模拟情境为主的现代教学方式使用不多。为了取得良好的教学效果和保证教学质量，专业英语教师除了运用常用的英语教学法，还应掌握各种学科教学方法，根据学生的学习特点和实际情况创造性地运用教学资源，运用个人实践知识和经验不断提高英语教学能力。

（4）教材编写及课程开发能力。对于亟须提高的能力调查结果显示，近九成教师选择了"开发课程的能力"和"创造性使用教材的能力"。这反映出当前专业英语教材编写不当，不适应当下高职学生的学情，专业英语教师使用起来困难的现状。另外也反映出专业英语教师对现用教材的不满意，专业英语教师不能为教教材而教，而是要为学生开发课程，适当地删减教材内容，增补教材内容，调整教材内容顺序，根据高职学生的学习实际，创造性地使用教材和开发教材，灵活地开发所教课程。这表明，专业英语教师亟须根据自己所在高职院校学生的实际情况编写校本教材，提高其教材编写及课程开发能力。

（5）反思与科研能力。教学反思与科研能力是相辅相成的，教学反思可以促使教师提高科研能力，科研能力的提升反过来又促进教师的教学反思。教学反思可以强化教师专业发展意识，有利于提取教学经验，归纳教学经验，提升教学经验，为教学科研提供有力的指导。然而，调查结果表明，仅有 10.83% 的教师"经常思考并形成教学论文"，20% 的教师"经常思考，偶尔记录教学心得"，25.83% 的教师"偶尔思考并未成文"，"跟着感觉走，没有记录下来"的教师高达 43.33%。提高教师的科研能力是促进教师专业发展的有效途径，本研究从教师发表论文情况、承担研究课题情况和亟须提高的能力等方面来了解教师的科研能力。调查结果显示，近 3 年，超过一成的教师从未发表过论文；从承担教育科研课题上看，超过六成的教师从未承担过各级科研课题，超过四成的教师没有参加过各级科研课题。25.83% 的教师参与过，但没有参与研究，仅仅协助课题组做过一些工作，18.33% 的教师作为研究人员参与，但不是主要研究人员，15% 的教师作为主要研究人员或者课题负责人承担课题研究任务。由此可以看出，湖南省高职院校专业英语教师科研意识薄弱，参与教育科研层次低，科研成果少。不少专业英语教师发表论文并不是认识到教育教学实践的重要性，仅仅是为了完成评职称的指标。专业英语教师这种浮躁的心态既严重地影响教育教学效果，还会阻碍教师教学水平的提升和专业发展。

二、对存在问题的原因分析

（一）外部因素

1. 高职教育社会认可度不高

调查发现，近三成教师认为"社会（行业）及家长的观念"制约专业英语教师的专业发展。很多家长受传统思想的影响，认为上重点大学则是"学而优则仕"的优秀人才，读高职院校则是从事技术的劳动者。只要是成绩优异的学生，家长都会想方设法送子女进入普通高等教育。一般来说，只有成绩非常差的学生，家长才会勉为其难让子女读高职院校。高职教育社会认可度不高，社会口碑不佳。有人认为高职院校只能算"三流大学"，高职学生是典型的"三差学生"，高职教师更是不入流的"三流教师"。

2. 教学资源缺乏

调查发现，高职院校普遍缺乏专业英语教师专业发展所需要的学习资源和教学设备设施。从调查的高职院校的硬件设施和软件资源来看，与其系部的实训实验设备对比，明显被忽视和遗忘。学院没有语音室，就连必需的录音机也没有配备。尽管有大量的多媒体教室，但是专业英语教师很少使用，其原因是学生英语水平较低，放原版的专业英文知识，学生听不懂，也不愿意听。另外，学校并没有为教师购买教学参考书籍，图书馆也没有专业英语教师专业发展所需要的书籍，更没有大量的专业英语学术期刊，就连专业英语教师所需要的教育教学方面的书籍也是寥寥无几。纵使专业英语教师想开展科研，想做课题，无可读书籍，无可查资料，力不从心。教学资源的匮乏加剧了专业英语教师学习和科研的难度，势必影响专业英语教师的专业发展。

3. 教师培训体制落后

据调查，近3年来，高达56.67%的教师希望有机会参加培训。这从侧面反映专业英语教师参与培训学习的机会少，这导致高职专业英语教师的教学能力和实践能力提升缓慢。从调查结果来看，培训内容需求最大的是"与行业相关的专业知识"，占总人数的81.82%；培训形式需求最大的是"参加各级各类专业英语教师培训"，占总人数的80%。培训效果选项中，47.50%的教师认为通过培训，其专业思想、专业知识和教学技能"有较大提高"；在高职专业英语教师实现专业发展的最大障碍因素中，30.83%的教师选择了"培训学习机会极少"，从而可以推测出高职专业英语教师培训体制与需求不相适应。高职英语教师渴望通过专业培训来提高自身专业发展水平，但由于现有培训体制落后，导致专业英语教师业务能力偏低。调查发现，大部分高职专业英语教师能通过电大和函授、同等学力和在职研究生等途径实现学历达标，但专业业务和实践能力还停留在摸索阶段。这就需要针对性专业培训，能有效地更新专业英语教师专业发展的理念和知识结构，使高职专业英语教师能应对现代科技发展对广大教师提出的新要求和新挑战。

4. 生源素质差

由于高校扩招，高考生源有所减少，在如此困顿的形势下，高职招生竞争压力猛增。招生是一场没有硝烟的战争，尤其对地处偏远城市的高职院校而言，招生更是难上加难。这些学校基本是只要有高考生愿意来读，就求之不得。在这种高职生涯大战下，在普通高等教育淘汰下，进入高职院校读书的学生的文化水平和综合素质是何等忧心。可以说，高职院校有一大群特殊的学生，他们可能高考不足 200 分，英语水平严重低下，有部分学生甚至没有达到初中的英语水平。这样一群学生，让他们接受高等职业教育中的专业英语学习，这对他们来说是何等残忍。他们不仅仅是学习基础差"先天不足"，更重要的是"混张文凭"的心态决定了他们学习专业英语的兴趣和能力，大部分高职学生认为专业英语可有可无，日后的生活和工作使用不上。加之当今社会流行"读书无用论"，校园文化浮躁，学生沉溺于网络游戏与小说，无心向学，读书对他们来说是虚度光阴，是一件极为痛苦和无奈的事。正因此情势如此，再学高八斗、学富五车的专业英语教师，面对毫无学习基础和学习热情的高职学生，纵使在专业英语教学上呕心沥血也无力回天，教学质量受到严重影响。

（二）教师个人因素

1. 缺乏教育信念

教师的教育信念是专业英语教师成长的内在动力。习近平总书记在北大发表的"如何成为一名好老师"讲话中，就明确提出首先要有理想信念。在调查中发现，37.50%的教师认为"高职院校专业英语教学工作没有发展前途，只是一个职业而已，不需要费那么多功夫"。45.45%的教师对其专业成长听从领导的安排。可见，专业教师教育信念的缺失。一名教师对自己所从事的职业缺乏理想信念，对教育教学毫无兴趣，很难想象这样的教师能创新发展，成长为一名具有双师素质的教师。理想信念的缺失致使高职专业英语教师的职业情感低迷，对工作提不起兴趣和热情，只能靠无形的压力和惯例驱使来完成教学任务，根本就没有想法更新教学知识和提高教学能力，也对学生漠不关心，职业倦怠非常严重。教育信念的缺失不仅影响教师的职业情感和专业发展，更严重阻碍了他们的专业自主发展，专业发展和专业成长停滞不前。

2. 缺乏职业认同感

所谓职业认同，是指一个人从内心里认为自己所从事的职业是有价值和有意义的。作为一名高职院校的专业英语老师，良好的职业认同是教师专业发展的内在动力，能促使教师更加热爱自己的职业，激发其工作积极性和工作热情，提高其对职业的认同感、自我价值感和归属感。目前，高职院校专业英语教师普遍缺乏职业认同感，其主要根源在于教师仅仅把教育当成一种职业，没有把教育当成毕生的事业。一方面，高职教师的社会地位低下，比起中小学教师和普通高等教育来说，高职教师是最尴尬的。家长重视中小学教师，也特别尊重中小学教师，其原因是中小学是基础教育，家长通常能意识到基础教育对子女一生成长的重要性。而高职教育是家长最不看好的，主要是传统文化认为高职教育培养的是技术人才，是为他人服务的体力劳动者。这使高职英语教师对自己的职业产生困惑，对于高职学生来说，专业英语的学习更是无用功，大大削弱了高职专业英语教师的自我评价。另一方面，高职专业英语课堂教学是"独角戏"，专业英语教师在台上神采飞扬，台下的学生一片窃窃私语或埋头酣睡。花了很大的力气备课上课，结果却收效甚微，专业英语教师在教学中很难获得自我满足感，又何来对自我职业认同感。只有当专业英语教师能全心全意地投入教育中来，专业英语教师成为高职院校认可的职业，专业英语教师才能增加职业认同感。由于社会对高职教育的认可度不高，加之生源质量较低，大大降低了专业英语教师的职业认同感，增强了教师的职业倦怠感。教师职业认可感的缺失必然影响教师的自我价值感和自我专业发展。

3. 缺乏职业成就感和幸福感

教师职业成就感来自学生学识和品德的进步，来自学生对自己课堂的喜爱，愿意并非常想学好自己所教授的课程。但是对高职专业英语教师来说，由于高职学生英语基础底子薄弱，教师一味主观愿望并不能促使学生学好专业英语，专业英语教师获得职业成就感的路径被残酷的现实堵塞。教师的不懈努力得不到回报，强烈的主观愿望得不到学生的认可，从而很难产生职业成就感。正如调查显示，30.83%的教师认为"工作就是完成任务罢了，基本没有成就感"；只有19.17%的教师认为"教师和学生在课改下有些变化，上课轻松些了，有一些成就感"；仅有 15.83% 的教师"积极参与，对高职院校专业英语改革的发展前途充满希望，有较强的成就感"。此外，高职教育得不到社会的高度认可，家长对高职教育的盲目看法，学生对高职教师的不信任等都进一步挫伤和异化了高职专业英语教师的职业成就感。高职专业英语教师职业成就感缺失，导致失去了专业发展的动机，丢掉了专业发展的目标，甘于现状，自身不再努力，不再寻求专业发展途径，也不再学习提高专业发展水平，不再执着于自己的职业理想，无法获得职业幸福感，无法实现自我价值，这进一步导致专业英语教师缺乏职业幸福感。

4. 缺乏自主学习意识

教师自主学习意识是促使教师专业发展的内在动力，也是影响教师专业发展的因素之一。在调查中我们发现高职院校专业英语教师自主学习的情况令人担忧。不到一成的教师"经常"利用课余时间自主学习。我们还发现，高职院校专业英语教师缺乏获取新知识的有效途径，除了网络学习和查阅学术杂志，并无他法。探究其内在原因，专业英语教师缺乏"终身学习"的生涯理念，自主学习意识淡漠，学习的内容也相当狭窄，在学习过程中缺少必要的反思。这说明专业英语教师缺少专业发展的需求，不知道怎样规划自己的职业生涯，缺乏自主学习动机。专业英语教师只有充分认识到自己职业的价值，具有强烈的职业认同感，发自内心地热爱自己从事的职业，以自己的职业为荣，能发现自身专业知识和能力的不足，才会有自主学习的需求和意愿，在自主学习中追求个人的人生价值和职业成就感，正确地认识自我、评价自我和修正自我，不断反思、探索，清醒地认识到专业英语教师的地位和存在的价值，最终升华到自我学习的思想境界。

总之，高职院校专业英语教师专业发展，教师个人因素的影响是其主要因素，但还受到来自外界环境因素的影响。教师个人是影响专业英语教师发展的内在动力，与其他具有职业技术专长的教师相比，专业英语教师缺乏教育信念、职业认同感、教学成就感、职业幸福感以及自主学习意识。外部环境是促进专业英语教师发展的外在动力，与普通高等教育相比，社会对高职教育的认可度不高，生源质量差，教学资源缺乏，师资培训体系落后。因此，专业英语教师的专业发展，仅仅依靠教师个人的努力是远远不够的，仅仅依靠某种手段或途径也是难以实现的，还要形成专业英语教师专业发展的良好氛围，不仅需要专业英语教师自主发展的个人努力，同时需要合作学习和在职培训的共同驱动。以上分析，为下一章完善高职院校专业英语教师专业发展的对策提供了依据。

三、高职英语教师面临的新困境

正如教育现象学者格里涅所说："教师时刻准备遇到各种情形的选择，进行创造性的工作，并不得不面对各种困境与紧张，因为教师运用以往的传统方法面对各种突发的新情境并不管用。"高职英语教师目前正面临着这样的新困境。首先，由于高等职业教育实践环节不断增加，高职院校的课内教学总学时日趋减少，致使很多院校在逐步压缩高职外语教学学时以让位于专业课。

据调查，由于各高职院校对于外语课程在高职人才培养中的作用认识不同，所开设高职外语课程的学时相差非常大，最短的只开设 2 个学期 84 学时，最长的达到 5 个学期 320 学时。在一些学校，高职高专英语教师正面临着外语课程被边缘化的学科危机以及教学工作量不够的生存危机。

高职英语教师如果还没有危机感，则很有可能成为高职教学改革浪潮的牺牲品。为了满足高职高专外语"基础外语+行业外语"课程教学结构的实施要求，高职英语教师需了解某一行业的基本知识（技能），而目前绝大部分高职英语教师在校学习期间接受的是传统的纯语言教育，基本属于"语言型"或"语言和文学结合型"人才，不具备某一行业的基本知识和实践经验。行业外语教学具有跨学科性质的教学，需要多学科知识的交融才能达到培养专门用途语言能力的目的。高职英语教师缺乏跨学科知识的现状也制约着其开展行业外语教学与研究，使其倍感困惑与压力。在高等教育国际化趋势下，高职英语教师还面临着来自社会的空前严重的生存危机。

在外语教育已经成为产业的今天，高职英语教师面临众多同行的挑战，如外语能力强的专业人才、外籍英语教师、外语培训机构教师等。还有一部分高职英语教师不注重对相关高职教育新理念、新模式和新方法的学习与研究，难以适应"教学做一体化""行动导向、任务驱动、项目教学"等高职教育新理念、新模式和新方法以及信息技术在教学中的应用。任何问题的发生都有其原因，只有查清原因，才能确立方向，从而采取行之有效的措施。

2021年4月，教育部办公厅发文《教育部办公厅关于印发高等职业教育专科英语、信息技术课程标准（2021年版）的通知》（教职成厅函〔2021〕4号），明确了高职英语课程标准低，发展时间短，其理论体系建设还远远不够，教师的教学实践也缺乏理论支撑。另外，目前高职英语教师工作量普遍过大，知识结构单一，科研能力薄弱，培训途径、资源和经费都很有限。除了几大出版社组织的寒暑假培训以及近几年由教育部高等学校高职高专英语类专业教学指导委员会（以下简称"英语教指委"）组织的各类培训和科研课题项目外，真正由各级政府投入或专业培训机构系统组织的旨在提高高职英语教师教学能力与水平的培训寥寥无几。

（一）对未来职业发展的定位不明确

据麦可思调查，70.3%的教师对未来职业发展目标并不明确。众所周知，个人的职业发展是否顺利和成功与其是否确定明确的发展方向和目标有非常紧密的联系。一旦建立发展目标，就可朝着目标，沿着发展路线，不断追求进步，直到成功。在实际工作中，目标的选择也是我们首要考虑的因素，如何根据自己的情况、外界的环境来设定目标，是教师们在进行职业生涯规划时的难题。虽然各高校削减高职外语课时的政策引发了高职英语教师的生存危机，但是英语教师对于未来职业规划、如何在转型期找到适合自己的发展方向仍然很迷茫。缺乏职业发展意识成为高职英语教师转型路上最大的"拦路虎"。

（二）教师转型发展的心理准备不足

教师的专业发展意识与需求是其发展的内在动力。针对转型发展，大部分教师已经做好了准备，这些教师能够感知到高职外语课程的危机，考虑到自身发展和收入经济水平，50%的教师也有了转型发展的动力，这说明已经有一半的教师树立了自主发展意识。

由于事物处于不断变化的过程中，教师转型发展的状况也会随着自身情况和周围环境的变化而变化。在转型初期，因为对转型所处的环境缺乏了解，对自我的认识不够清楚，对转型所带来的效果不确定，所做的心理准备也是不够充分的，甚至存在排斥转型的情况。有半数教师没有做好转型的心理准备，对如何应对未来不确定的因素也是举棋不定。但是随着改革的推进，这些教师会有意识地关注转型的趋势，有目的性地定位自己的职业方向，深入分析转型过程中可能遇到的困难及思考积极应对的措施，主动寻找适合转型发展的道路，高职英语教师的转型发展心理准备到位，转型的信心加强，转型的成功将水到渠成。

（三）转型方向不明确

高职英语教师需要寻求自身的发展方向，但是对于转型的方向，少部分教师表示并不明确，处于职业发展的迷茫阶段。自我的发展方向的确定，需要与所在学校的发展方向相联系。学校如何谋划转型发展，影响教师的转型发展。高职英语教师要在学校的政策导向下，确立自己的转型方向。

（四）学校的应力和支持不够

在受调查的教师中，部分教师表示学校有相关的政策，要求高职英语教师进行转型发展。但是各高校的发展计划中缺少对高职外语课程及教师发展规划，对教师培养无法提供鼓励和支持，慢慢边缘化了高职英语教师的发展和高职外语的课程建设。教师作为高校组织中的一员，其职业生涯规划需要在组织的总体规划中落实。学校需要在管理教师的职业生涯规划、引导教师的职业发展上建立相应的制度，培养和激励教师成长。学校应该给予相应的支持，培养高职英语教师保持工作热情，针对个人的情况引导相应的转型方向，确保每一名高职英语教师都有自己发展的方向和进步的空间。

（五）转型发展对教师的影响

根据调查数据显示，大部分教师都认为转型发展将会促进其发展。目前，各高职院校都在经济发展的社会环境中寻求与时俱进的改变，适应时代的潮流，培养应用型人才。英语教师的转型也是时代的产物，顺应时代的改变必定能促进教师的发展。高职教师对此认识非常明确，希望能够通过紧跟时代的脚步，做好自身发展规划。高职英语教师对现行高职外语课程的态度、专业知识能力的提升、职业发展的规划影响学校的发展、学生的学习和自身的转型发展。从调查结果来看，影响高职院校英语教师转型发展的内部因素主要有：高职英语教师的知识结构相对单一，除了作为英语教师所具备的外语学科知识，其他学科的专业知识和相关理论学习相对匮乏。这决定了高职英语教师不能将外语知识与学生所学专业的知识有机融合，课堂上的外语教学只能传授外语语言知识。学生学到的外语知识与专业关联性不大，运用到将来的工作中的概率较小。由于专业知识的匮乏，高职英语教师在教学方式、教材选择方面无法结合学生所学的专业特点，外语课程也无法提升学生的综合素质，外语语言知识与专业知识的相互促进难以实现。一方面，学生花费大量的时间学习外语，但是仍然无法通过外语应用能力考试，严重打击了学生学习外语的信心，也使高职英语教师对自己的教学产生怀疑，产生挫败感；另一方面，高职院校英语教师缺乏职业发展规划意识。高职英语教师已经感受到外语专业的危机，也明确清楚转型发展对自身发展的重要性，但是对于如何学习专业知识、如何规划自己的职业，缺乏发展性的思考，缺乏明确的方向，造成了高职英语教师转型发展的自身障碍。

从学校层面来看，高职院校为了提高学校的知名度、职业教育办学质量，越来越偏向于专业课程的改革，扩招就业前景好有发展潜力的专业，加强实习实训基地建设，对于高职外语这类不能立即带来社会效益的通识课程，学校不再重视其专业建设。虽然大部分高职院校都释放了高职英语教师必须进行转型发展的信号，但是学校对于高职英语教师的发展缺乏宏观层面上的指导，使高职英语教师面对转型发展无所适从，反映到高职英语教师层面，他们以消极的态度应对教育教学改革，缺乏工作激情。同时，高职院校也没有建立相应的转型发展体系，导致高职英语教师陷入了职业发展的迷茫。

高职英语教师面临的共性问题如下：

其一，身份认同的缺失。高职课程改革打破了原有的课程体系，使得许多教师尤其是基础课教师，面临着新的挑战。许多人认为，高职学生花费大量的时间学习外语，而工作中使用外语的机会并不多，这是一种时间和精力上的浪费。由于普遍强调职业能力与就业能力，高职外语课成了一门课时可以随意削减的副课。高职外语教学成为没有清晰认同的工作，不被学校和学生重视，处于不为人知的默默无闻的境地。

其二，职业挫折。职业挫折是指个人从事职业活动和个人职业生涯发展方面的需求不能得到满足、行动受阻碍、目标未能达到的失落性状态。英语教师的专业是外语语言文学，由于高职生的外语水平低，且缺乏学习动力，在教学上英语教师感觉所教的语言文化知识用不上，且得不到学生的配合。在科研上由于高职外语的弱势地位，高级别的课题根本报不上，教师自然产生挫折感。

其三，现实冲击。高职院校现在都比较重视课程建设，削减基础课，增加专业课。外语课程也大大减少，例如杭州职业技术学院就由原来的四学期外语改成了一个学期的基础外语。有的高职院校，英语教师甚至只能改上思想政治课。多项调查显示，能出国进修是大多数英语教师的共同愿望。但是在高职院校，由于英语教师处于劣势地位，这种可能性基本上微乎其微。高职英语教师面临着学校转型升级中带来的生存空间越来越小的现实冲击。

其四，发展空间的缺失。《关于加强高职（高专）院校师资队伍建设的意见》强调：高职院校要建设一支理论基础扎实又有较强技术应用能力的"双师型"教师队伍。"双师型"教师建设已经成为高职院校师资队伍建设的理念。但是目前只针对专业教师出台了"双师政策"，而对高职中的基础课教师，是否需要双师，如何执行尚处于空白阶段，这对英语教师发展极其不利。教育部关于全面提高高等职业教育教学质量的若干意见指出：要增加专业教师中具有企业工作经历的教师比例，安排专业教师到企业顶岗实践，积累实际工作经历，提高实践教学能力。该政策只是同样针对专业教师，缺少了政策上的支持，高职院校的英语教师队伍建设的发展方向不明，空间受限。

四、高职教师面临的挑战

（一）多元文化的影响

1. 传统文化是影响高职生价值观形成的文化基础

传统文化是一个国家或民族传承或延续下来的文化，是一个国家或民族的精神内核。一个国家的传统文化是经过长期的历史积淀而形成的，它一旦形成，就在一定范围内对人们具有普遍的内在约束力，从而对社会成员的思想、心理倾向和行为方式发挥引导作用，以建立社会成员共同遵循的文化标准。中国的传统文化是指以儒家思想为主要部分，兼取道、法、墨、佛等各家，相互影响、相互作用、相互融合而形成的文化。基本精神表现为"性善好德"的人性文化，"天人合一"的道法自然，自强不息的奋斗精神，需要继承与弘扬，对高职生价值观的形成起到基础性作用。

所谓"自强不息"，对于个人，它要求人应自立自强，艰苦奋斗，积极进取，为个人、为国家做出贡献；对于一个国家或民族，它要求应自力更生，革新图强。

墨子强调"为强必富，不强必贫，强必饱，不强必饥"，正是这种自强不息的精神造就了中华民族的向心力和凝聚力，从而使中华民族不断前进，不断进步，在当下中国社会更应发扬光大。高职生作为祖国未来生产、建设、管理、服务第一线的高等技术应用型专门人才，在学校的学习阶段，需要其具有自强不息的精神，夯实自己的专业基础；在将来的工作岗位上，更需要自强不息的精神，克服一切困难，为自己创造一片天地，才能为国家做出自己应有的贡献。

中国是一个传统的农业大国，长期以农业为主的生产方式使人们形成了重农轻商的思想，同时形成了小农意识，这种小农意识经过长期的沉淀，形成了自私狭隘、因循守旧、故步自封、抱残守缺、害怕竞争、听天由命、不图进取以及崇尚迷信的一种文化心理。当前，这种小农意识依然存在于人们的潜意识中，无形中产生负面影响。中国社会几千年来的封建尊卑有序的等级观念在当今社会还有它的存在空间。在封建尊卑有序的等级观念的影响下，个体的个性受到压抑甚至是忽视个体的正当利益，对于个人自由的发展，对于自信、自尊等精神品质的形成，特别是对于独立的个性的形成，起到消极作用。有些高职生受到等级观念的影响，一心要当学生会干部，出发点不是为了服务学生，而是能高人一等，甚至出现了为竞选学生会干部或评奖评优拉选票等不正当现象，这些都会对正处于世界观、人生观、价值观尚未成熟的高职生产生不良影响，使其难于接受正确的价值观教育，严重阻碍了正确价值观的形成。

2. 西方文化给高职生提供了更多价值参照系

自魏源睁眼看世界，历经洋务运动、新文化运动，到新民主主义革命胜利，神州大地西学之风日盛，既开阔了国人的视野，带来了实实在在促进中国社会发展变革的积极因素，又为某些社会贤达送来了装点门面的时尚标签。随着信息技术的发展，全球一体化进程的加快，多元文化不仅在我国而且在全世界形成了势不可当之势，我国社会将被更多地卷入多元文化的旋涡。作为新时代的高职生追求新奇，感受敏感，不管是无法抗拒"西学东渐"潮流的影响，还是自愿接受西方文化元素，都给价值观尚未定型的高职生带来重重困惑，在积极与消极两个方面深刻影响着高职生价值观的形成。

当代高职生面临的不再是一元主导的价值观选择，外来优秀文化开阔了高职生的视野，提供了更多价值参照。首先，西方文化主张个性的张扬，主张人格的独立以及个人不可被侵犯的权利，包括个人发挥出人的禀赋与能力，不断地为求新而求新、为求异而求异、为创造而创造、为发展而发展的开拓精神。其次，西方的民主与自由价值观。西方人更看重一个人的实际能力，忽略其家庭背景，做事独立、求新、求异、自助、自由、公私分明。西方文化中的这些内核一经传入我国，对于当前高职生的价值观产生巨大影响，尤其是西方文化中的公平、公正、独立、竞争、求新、求异等价值观深受高职生的欢迎。但也要注意防范西方文化负面因素的影响。第一，西方文化的渗透冲击社会主义核心价值观。某些国家为了实现在政治上、经济上、文化上的霸权地位，利用文化的传播以期达到他们的目的。第二，外来不良文化影响本国传统文化、民族精神、意识形态。

3. 大众文化是影响高职生价值观形成的文化场

大众文化具有商品性、通俗性、流行性、娱乐性、依赖性、大众媒介性、日常性、类型性等特征。当前，随着经济条件的改善，闲暇时间的增多，人们对文化精神需求和享受的要求普遍开始增长，个人无法摆脱的大众文化成为当下重要的文化潮流，构成了当代高职生的价值观形成的文化场域，不管当代高职生能否意识到都会影响其价值观的形成。

大众文化在带来丰富多彩的人生选择机会和快乐的同时，也促使个人思考人生的价值。当前中国大众文化主题上实现了思想性和艺术性的统一，陶冶了人们的情操，如《唐山大地震》《建党伟业》等一批优秀电影的推出，电视连续剧《五星红旗迎风飘扬》《辛亥革命》等的播出。近年来也有很多深受青年人喜爱的电视剧播出，如《奋斗》《裸婚时代》《蚁族的奋斗》等，它们注重人的现实生活意义，强调按照人的自然本性生活，重视人的感性体验，揭示当下在生活压力大、竞争激烈的环境中年轻人的酸甜苦辣，推崇人的个性与自由，肯定人的价值，主张享受世俗的欢乐，这些对于当下的高职生的影响是巨大的。只有学有所成，学有所精，才能在竞争激烈的现实中立于不败之地，只有通过不懈努力，才能撑起一片蓝天。同时，也促使他们思考自己想要一种什么样的生活，怎样才能活得更好。但是高职生在价值观形成过程中需要注意防范大众文化的负面影响。大众文化的主要目的是商业利润的最大化，决定了它的主要功能是娱乐消遣性，它的取材虽然是人们的日常大众生活，但大多是感性、热闹、怪异、刺激、轻松、调笑的日常大众生活，其目的是抓住受众的眼球，追求形式上的技巧（现代高科技的发展使其做到了这一点）。因此过度消费极易导致娱乐消费的盲目扩张和人文精神、文化理性精神性的丧失，它们消解了崇高和理想的精神意义，削弱了大众文化在社会转型期的积极作用。沉醉于感官刺激的享乐主义、排斥精神追求的虚无主义盛行，直接影响和关系到整个社会文化的健康发展和精神文明的进步，大众文化作为当下文化重要的潮流，身处这种文化场域，其对高职生价值观的影响是无法估量的。笔者在一项关于高职生生活方式的问卷调查中发现，对于闲暇活动的目的，70.82%的高职生认为休闲活动的主要目的是打发时间，50.76%的高职生认为是放松自己，娱乐享受。在闲暇时间中，高职生上网多关注的是明星们的娱乐八卦，不关注国家大事，只关注时尚流行，不关注政策导向。

4. 主流文化是影响高职生价值观形成的中流砥柱

主流文化又称主导文化或主旋律文化，是指在文化系统中起主导作用的文化，也是建立在国家权力基础上，表达国家正统意识形态的文化。主流文化主导着时代的文化发展方向，在文化发展中占统治地位，比如我国封建社会的儒家文化一直主导着文化方向，占统领地位。主流文化为高职生确立正确的价值观起引领和主导作用。主流文化通过国家权力、正统意识形态等引领推动文化发展，并渗透到社会的政治、经济、法律、教育、宗教等任何一个角落，充分发挥影响力，左右着国家、社会的核心价值观。

当前我国主流文化是社会主义文化，社会主义文化以中华五千年民族优秀传统文化为基础，以马克思主义为指导，内容包括共同理想、爱国主义、时代精神和社会主义荣辱观等，体现了其作为主流文化的科学性、先进性、时代性、创新性和整合性。主流文化通过舆论宣传、文化作品等形式，在当前多元文化相交融的局势中起到主导作用。主流文化是一个社会、一个时代受到倡导的、产生主要影响的文化，必然代表执政党的政治诉求、价值取向，也必然代表了大多数人的利益。在当前多元文化背景下，坚持主流文化的主导地位，发挥引领作用，对于当代高职生确立正确的价值观同样起到中流砥柱的作用。坚持以社会主义主流文化引领高职生正确价值观的形成，必须旗帜鲜明地坚持马克思主义一元化的指导思想，以多元化的形式引导高职生正确处理价值观念上的传统与现代、外来与本土、主导性与多样性的关系，以社会主义核心价值观为基本内核，促进高职生树立正确的世界观、人生观。

5. 网络文化是影响高职生价值观形成的新型平台

互联网的迅猛发展，改变了人们的思维方式、生活方式、价值取向，同时对传统文化造成巨大冲击。随着互联网的极速普及，网络文化可谓异军突起，其对高职生价值观的影响是巨大的。网络文化改变了高职生的知识观、学习观，影响价值观。网络文化凭借互联网的技术优势，即网上信息传递的便捷性，交往者建立关系的迅速性，容量的无限性、虚拟性、自由性、全球性的特点，成为网民的最爱。在校高职生几乎个个都是网民，网络拓宽了他们的视野，对其价值观产生很大影响。网上大量信息的获取，使高职生认识到知识的多样性，学习的终身性，认识到不断学习才能精益求精，如果想在将来的工作中取得成绩，必须不断拓宽自己的知识面，树立终身学习的观念，否则将会被社会所淘汰。网络也改变了高职生的择业观。网上大量的求职信息，以及网上求职的便捷性、快捷性、互动性增加了高职生择业的自主性和选择性。同时，在网上择业的过程中，使高职生了解到本专业的最新动态、需求，从而促进高职生的择业更贴近商品经济市场的需求，也使高职生的价值观向务实性发展。但是，也需要筑好防火墙，防范网络文化对高职生价值观产生的负面影响。网络的隐蔽性、虚拟性和自由性容易使一部分高职生忽视现实世界的约束力量，随心所欲地进行信息的传播活动，一旦受到诱惑就容易导致价值行为失范，甚至走向犯罪。同时网络文化淡化了高职生的民族意识，"民族认同感减弱，民族身份逐步消解"。因此，筑好防火墙，防范网络文化的负面影响对高职生正确价值观的形成具有重要作用。

（二）多元文化对课堂教学的影响

1. 正面影响

（1）课堂教学活跃化。当代大学生在多元共生文化的影响下思维活跃，易于接受各种新事物、新观念，喜欢探讨新问题。认同党和政府推出的各项改革措施，积极参与改革，并走在各项改革的前列。从医疗体制改革到教育体制改革，再到乡镇村级干部选举制度改革，都得到广大大学生的认同和拥护。他们尽可能使自己摆脱旧思维定式的束缚，使自己拥有一个自由的头脑。这样的学生在课堂上渴望教师多教授新鲜知识，紧跟前沿。但在传统的课堂教学中，有一种文化表达和阐释的控制定式，教师不讲不放心，只有讲了才放心，多讲了才舒心，虽然也会给学生一些发言的机会，但是对于那些不符合"标准答案"却经过自己思考的有创造性、有个性的不同答案，不是忽视就是否定。学生的整个学习过程就是一个背诵标准答案的过程，而这种学生无须思考的学习必然是一种被动的学习，很多时候甚至是"被迫的学习"。采用对话教学一改文化专断、背离、单调现象,实现了多元文化在课堂中的聚合,教师文化、学生文化、课程文化、年龄文化等各种文化在课堂中交汇,它们之间交叉与独立共存,冲突与认同共举。

(2)课堂教学民主化。当代大学生民主意识显著增强,大学生自主选择自己喜欢的专业,做自己喜欢做的事情。在学校,他们可以选择自己想学的课程,同时学生和老师是平等的。受传统教育观念的影响,我国不少教师为树立自己的教学权威而着意掩饰自己的错误或缺点,把自己装扮成完美无缺、无所不知的人。殊不知,这种刻意、居高临下的态度,不仅使师生难以沟通,反而使学生对老师更加敬而远之。反之,教师把自己的内心世界向学生敞开,将自己的喜怒哀乐、经验感受向学生表露,学生就会感到老师平易坦诚、容易接近,把老师看作朋友和知己,看作与他们一样平凡的人。这就需要学校创设民主化的课堂教学环境。首先,要让学生积极参与教学活动,成为课堂教学的主角。其次,要求教师摒弃教学霸权,建立互动机制。最后,自由是课堂教学民主的最佳境界。主要表现在学生对教学内容的自主掌握,师生在交往中处于平等地位,学生能够在教师面前随意表达并拥有与教师进行沟通的权利。没有自由的学生,在教学中就谈不上主体参与。但是自由不等于自流,不是没有任务、目的,学生的自由是相对的,因为主体参与活动的目的就是对教学任务的有效完成。教学既是为了将来,同时为了满足学生现在的各种需要,对于学生来说,课堂民主化就是要从学生现实生活的角度去设计现实的教学,这样教学才会充满生活的情趣和生命的活力。

(3)课堂教学法制化。当代大学生的法律意识比以往任何时候都强,他们重视自身利益的维护和自身权利的享有,并主动拿起法律的武器维护自身的合法权益。例如某高校两个班的学生在上体育课的时候,一名练习铁饼的男生一不小心,铁饼脱手横空飞出,砸烂窗玻璃,破玻璃屑飞溅到一女生身上,并把她的耳朵割伤,在场师生马上送女生到医院就诊。后该女生以在校期间学校应保护她的安全为由向学校索赔,学校出于人道主义赔偿她三千元。类似的索赔事件在全国各高校大学生中时有发生,这反映了大学生的法律意识不断增强。课堂教学也应维护法律的权威,教师首先要知法、守法、护法,使课堂教学有序地进行。

2. 负面影响

(1)课堂师生沟通难。在多元共生文化的影响下,当代大学生政治意识淡化、责任意识淡薄、诚信意识缺乏、道德行为失范、功利意识增强、审美情趣错位等相关问题出现，致使在课堂教学中师生沟通很难。学生不守纪律、缺少爱心、言语粗鲁、行为粗野等负面行为使得教师不知如何与学生沟通，不知当代大学生心理状态究竟怎样。

（2）课堂教学功利化。在西方腐朽思想的影响下，高校大学生的生活方式受到极大冲击：个人主义、拜金主义、享乐主义深入大学生头脑；暴力、吸毒、色情等西方发达国家的社会毒瘤严重侵蚀着大学生的思想；艰苦奋斗精神和勤俭节约的传统美德逐渐消退，代之以高消费和相互攀比之风蔓延。这使课堂越来越功利化。学生穿名牌服装，平时不努力学习，考试作弊，把利益放在突出地位，如对当前的任课老师毕恭毕敬，对以前的任课老师视而不见；当学生干部是为了入党，捞取政治资本，毕业时找一份好工作；和他（她）谈恋爱是因为他（她）家里有钱。这些情况导致课堂散漫，学习气氛不浓，教师教学严重受到影响。

第二节　高职英语教师转型趋势

随着大学组织和社会关系的日益密切，大学教师的身份要从"职业人"向"专业人"转型。在社会分工的观点下，教师的职业发展要经历非职业—职业般职业—专业化的过程，其发展模式的转型也要涉及专业能力的完善和提高。

从外部因素来看，对高职英语教师的关注点转移到长期发展上，将零碎、分散的培训转化成整合、集中的培训，能够满足转型发展的需求。

从内部因素来看，高职英语教师根据自身的不同特点，有针对性地制定发展规划，实现转型发展。从职业发展的角度来看，高职院校英语教师转型具有可行性。教师转型发展是对社会需求的回应，也是深化大学外语教学改革的必经之路。根据 2010 年国家对用人单位对外语能力需求的调查显示，7.9%的用人单位要求大学生具有实用性的外语能力。

这项调查给大学外语教学的发展指明了方向。大学外语应该培养具有外语能力的人才，以满足不同行业对外语的需求。大学英语教师也需要以此为发展的风向标，掌握行业的专业知识，完善知识结构，寻求发展。大学外语教学改革的实现，需要通过教师的转型发展来体现。外语教学改革，不仅要关注语言本身的规律，还要关注此语言的应用范围。针对应用范围开设相关课程，是英语教师的转型发展之道。从社会需求的角度来看，教师的转型发展具有一定的可行性。教师转型与高校转型发展紧密相连，只有教师转型成功，才有可能促进高校的转型发展。教师的转型需要内外驱力共同作用，其外在驱力是高校的功能变迁，内在驱力是教师的专业发展，教师本身要从需求出发，找到动机，实现自我更新，对教师的转型发展提供可行的环境。

高职英语教师在转型发展之路上存在不同的观点，主要是高职英语教师的发展是否还结合外语为区别。接下来将分别论述两种趋势。

一、以外语为基础，以"外语+专业"为模式

从教师的调查现状来看，教师对现行的高职外语课程的设置和教学效果都不满意，这与现行的高职外语教学模式有关。目前，我国高职外语教学采取的是传统的教学模式。在传统的教学模式中，无论是在外语基础课堂还是专业外语课堂，教师都以教材为主要教学内容，通过机械化讲授教材中的知识，单向性地传授给学生，学生在这种教学模式中，缺乏自主意识和主动学习的观念，往往被动接受。教师和学生的目的都是获得某种考试的高通过率。学生花时间花精力学习外语，却不能自如地应用，老师的教学也不能促进学生的学习，教师和学生普遍对高职外语课程的设置和教学效果不满意也有因可循，这正是本文调查结果现象所体现的原因之一。在现行的高职外语课堂中，由于班级人数、场地等限制，大班授课是最常见的方式，学生机械化地习得语言知识，由于时间和班级人数的限制，不能很好地提高外语应用能力，学习的积极性受到打击，主动性被削弱。高职英语教师面对这样的现状，应该结合自身的知识，找到教学转型发展之路。

基于传统的高职外语教学模式，"外语+专业"的教学模式转型，能够有效提高教师的教学效果，促进教师的发展，也能够使学生主动结合自己的专业，进行针对性的外语学习。情境认知理论认为，以学习者为主体，最好在真实的情境中，通过实践来组织教学，这样才能够把知识的获得和学习者的发展融合在一起。第二语言习得环境论认为，学习语言的过程是在与另一种语言的社会群体的接触所受到的影响，从而适应新语言的过程。因此，想要改变高职外语教学现状中教学效果不满意的效果，需要在教学中将外语的学

习与学生的专业关联起来。

高职外语教学的目标是培养应用型人才，使学生能够在工作岗位中熟练使用外语开展工作。语言的学习是需要不断练习、不断实践才能够熟练掌握的。那么"外语+专业"的教学和学习模式能有效促进教学和学习效果。作为一名高职英语教师，应该帮助学生创设仿真语言环境，引导学生在这样的环境中进行语言学习训练。针对专业的学习，可以采取模拟未来工作场景，使学习内容与未来职场相关联，进行角色扮演，在情境中进行语言的学习和锻炼。在教学安排上，高职英语教师尽可能让学生到实际工作岗位中锻炼，运用所学的外语知识，解决专业上的问题。在这样的实际操作中，学生学习外语的效果很快得到改善，并且专业的学习也得到促进，使外语学习和专业知识的学习相得益彰。例如，针对国际经济与贸易专业的学习，高职英语教师可根据其专业特点，设置国际谈判的模拟场景，通过专业术语的学习储备，引导学生用外语开展谈判，进行学习效果的检验。

二、去外语化的发展之路

高职英语教师主要承担非外语专业的高职外语课程，所教授的对象从基础教育阶段就开始接受语言技能和扩充语言知识的外语教育。如果学习者在基础教育阶段能很好地掌握语言技能，完成和达到大学阶段的外语课程标准是轻而易举的事情，可以做到无师自通。

在这样的情况下，高职英语教师将成为过剩资源。高职英语教师的课时无法得到保障，直接关系到职称评定，参与科研、经济收入少，那么高职英语教师必然会考虑其他出路，从业务向教育方面转型发展。

高职英语教师攻读其他学科的硕士学位或者博士学位，从单纯上课的高职英语教师转向其他学科教师，利用交叉学科多元化的视角开展科研和教学。一方面，通过接受学历教育，提升高职英语教师其他学科知识的学习；另一方面，高职英语教师应该积极开发与业务方向相关的能力，发展与企业合作的能力。实现高职教育目标的有效途径之一就是实现校企合作，高职英语教师想要实现业务方向的转型发展，学校的引导、个人的努力和企业的支持必不可少。

高职英语教师依靠企业的支持进行业务转型，主要是通过学习生产实际中的新技术，参与企业的实际研究和开发自身的应用能力，使自己在"后天劣势"中找到转型发展的快捷途径。另外，在依靠企业进行业务转型过程中，高职英语教师还可注重自身课程开发能力的提升，在与企业交流的过程中，收集人才培养方案的信息，共同开发课程，提高课程设计的科学性。高职英语教师的转型是否成功，与自身的发展是否适应社会的发展有很大关系。高职英语教师在业务转型方面，还可丰富自身的社会经历，使自身的转型能够服务于社会。如今汉语热的风潮还在继续，公共英语教师可走入社会，走进具体的课堂，参与孔子学院的课程教学，服务社会的同时探索转型发展的渠道。

　　高职英语教师在去外语化的前提下，向教育技术方面转型发展。2011年，由斯坦福大学兴起的慕课给我国高等教育在转型期发展和教师的转型发展带来曙光。所谓慕课（MOOCs），即"大规模、开放式在线课程"。它是高深知识的传播体，通过网络平台实现了课堂教学、学生体验、师生互动。在知识传递方面，慕课更加符合反复性学习促进知识迁移的规律，学习者可以根据自身的接受能力和学习时间进行学习，增强学习效果。高职英语教师可借助慕课课程的特点，提高自身教育技术的能力，开发课程资源，利用现代化的手段进行转型能力的提升。慕课教学有其特有的优势：以视频为主演载体，对某个特定的知识点进行记录，学生通过反复观看视频实现知识的获得，在数码时代，这种学习方式已经被教师和学生普遍接受。虽然慕课最后呈现的时间很短，但是其制作过程不是那么容易。高职英语教师经过系统化的培训，通过掌握教育技术的制作、软件的使用，做好慕课课程的开发的技术准备，并且结合自己教学生涯积累的经验，发挥所长，利用文科思维优势完善慕课课程的制作。高职英语教师在去外语的转型发展中，要不断提高自身的信息教育化能力，学习如何录制屏幕、如何摄像、怎样合成声音和图像。同时在慕课开发后的时段里，要根据学生的反馈调整教育技术手段的应用，最大限度地提高自身的能力，促进学生的学习，实现转型的成功。

第三节　外语政策对教师发展的影响

一、我国高校大学外语政策的变化和形成

1. 历史上两种理念的分歧

公共外语的发展方向是什么？教学内容是什么？从一开始就存在两种截

然不同的观点。一种是走为专业、为科技服务的观点。代表人物是许国璋和杨惠中等人。

1978年，许国璋连续发表两篇重要文章。他指出，改革开放的新形势"给我们外语教学提出了一个新的任务。这一新的任务是不是可以这样概括：以外语为工具，学习世界上的科学文化知识"。他认为，我们的新任务就是培养"各行各业既通外语又通本行业务，能够用外语直接汲取我们所需要的科学文化知识的人才。只有这样做我们的外语教学才真正有利于四个现代化"。因此，"培养目标应该服从国家利益，从国家利益去考虑外语教学方针，考虑外语教学培养目标与教学方法"。他批评大学的公共外语，效果很不理想。过去我们没有提出向外国学习现代科学文化的口号，而大学科技专业也并不将阅读外文科技资料列为强制性规定，难怪公共外语作用不大。他坦言，公共外语如把这个任务担当起来，"将标志着我国教育事业在现代化的道路上迈进一大步。没有这一转变，停留在目前的状态，那只能说明我国教育事业具有很落后的一面"。

同年，杨惠中也发表两篇文章。他指出，"国际上科学技术情报资料主要使用英语，掌握了英语，就可以利用大量的科技资料，因此科技英语的教学具有突出的重要性"，"在我国实现四个现代化首先是科学技术现代化的过程中，科技人员的外语水平是个举足轻重的因素。"因此，"公共外语可以说是属于专门用途英语性质（ESP）"，是为专业的科技学习和发展服务的。他同样批评了我国的公共外语教学，他认为"公共外语教学存在着不少问题，许多高等院校的公共外语课形同虚设，远不能满足科技人员提高外语水平的迫切需要"。

把外语看成工具为科技服务，这一外语教学理念符合当时国家尽快实现"四个现代化"的战略需求，因此得到了教育部的大力支持，其外语政策反映在1980年由教育部委托清华大学和北京大学制定的《大学英语教学大纲》中。

但是，大学英语课程是打语言基础，还是注重工具应用？大学英语界始终存在分歧和争论。反对我国大学英语开识ESP的理据是，"'结合专业'表面上看来似乎是一条捷径，也许可以'立竿见影'，使学生很快就能看懂某些专业科技资料，但想利用专业材料打扎实的语言基础却是不可能的"。

2. 大学英语走上把英语当作专业教的道路

这场争论是在大学英语决策层引发的，因此争论已超越了学术上的探索，直接影响了我国高校外语政策的制定。由于当时新生英语水平较低，注重语言基础训练，实行大学英语四、六级统考，快速提高大学生的英语水平就获得了教委的认同。因此，偏向基础教育，偏向素质教育的外语政策逐渐形成，并一直延续到今天。比较历年制定的《教学大纲》或《教学要求》就可发现，为专业服务，用英语作为工具汲取和交流专业信息的说法是如何逐渐淡出的。

1985 年大纲要求培养学生具有较强的阅读能力，为进一步提高英语水平打下较好的语言基础，使学生能以英语为工具，获取专业所需要的信息。1999 年大纲要求培养学生具有较强的阅读能力和一定的听、说、写、译能力，使他们能用英语交流，帮助学生打下扎实的语言基础。2004 年大纲要求培养学生英语综合应用能力，特别是听说能力，使他们在今后工作和社会交往中能用英语有效地进行口头和书面信息交流。2007 年大纲要求培养学生英语综合应用能力，特别是听说能力，使他们在今后学习、工作和社会交往中能用英语有效地进行交际，同时提高综合文化素养。由于强调语言基础和素质教育，大学英语教学目标和英语专业几乎没有什么区别。束定芳在分析了高中英语、大学英语和英语专业三份大纲后指出"三份大纲都把'打下扎实的英语基本功'作为重要的目标之一；三份大纲都提到了除外语本身之外的教学目标，如'提高文化素养'和'拓宽人文知识和科技知识'等"。不仅培养目标一样，课程设置也基本相同。

正因如此，越来越多高校的英语课程设置和教师安排等已经不分大学英语和英语专业了。除了学分和课时的区别外，两个不同专业的学生都可坐在同一课堂选修同一门课。这个趋势由于新生英语水平不断提高，大学英语综合英语必修课程学期数的减少和通识英语选修课程的增加而被越来越多高校认可。现在，打通大学英语和英语专业课程设置似乎已成为改革的方向。

3. 大学英语走"把英语当专业教的路子"的原因

我国大学英语为什么会选择走专业英语的道路，原因是多方面的。

（1）理念问题。我国外语界始终把打语言基础，培养语言综合能力，提高素质修养看作学习外语的全部目的，尽管《课程要求》提到打基础是为今后的学习和工作服务，但并没有提出学习英语的现在使用目标。在不少人看来，通用英语和 ESP 没有什么差异，只要打下扎实语言基础就可以胜任任何的专业学习，因为"所谓'专业英语'的特点，无非就是长句多、被动语态多、非谓语动词的各种用法多，而这些语言现象在普通题材的文章中也频繁出现"，因此，重要的是大量阅读文学作品，而由于 ESP 课文术语多，无情节，可思性和趣味性都低，并不是提高英语的有效途径。

（2）教师学历。与国外大学的英语教师学历结构不同，我国绝大多数大学英语教师的学历背景都是英美文学或英语语言学，而非二语习得或教育语言学。具有这样学历结构的领导和教师很自然会按照英语专业的模式开展大学英语教学，驾轻就熟。同时，由于对 ESP 的误解，以为 ESP 教学需要有专门知识结构，大多数大学英语教师往往害怕和不愿从事 ESP 教学。

（3）评价体制。我国外语界重语言文学轻外语教学。英美文学的教学被认为要比为专业服务的外语教学高级得多，学术得多。前者是专业，是学科；后者是服务，是教学。前者是按讲师—教授晋升，后者则是讲师—高级讲师晋升。前者的学术成果要比后者有更多的立项和发表的机会。因此，大学英语教师热衷于竞相开设英美文学、莎士比亚研究，英美小说和诗歌课程，尽量向英语专业上靠拢。不少大学英语教师白天进行外语教学，晚上从事莎士比亚研究或乔姆斯基研究，争取在这方面发论文。

（4）素质教育。在中国，外语教育，尤其是大学英语历来被看成是一门素质教育课程，提高大学生人文素质往往比培养他们的英语应用能力更重要。外语的工具作用往往被贬低。不少人还为此找到依据：美国等西方国家都把外语教育的人文性放在第一位。笔者认为这是一种误读。美国对不同外语的作用是有区分的。他们的外语有两种，一种是拉丁语、希腊语等，他们注重这些外语的人文性是因为他们要求学生阅读文艺复兴时期的经典著作，了解和接受欧洲文明和文化价值，因为这些文化价值是西方人文自由教育最普遍的核心价值。另一种是阿拉伯语、汉语等，对这些外语教学他们从不提人文性，而是被看成潜在敌人的语言加以研究，以维护国家安全和保持国际竞争力。我们的外语是英语，而英语是世界科技经济交流的主要工具。现在我们放弃其工具作用，追求英语的人文性，学习西方价值观，正是西方国家所希望的。

二、我国高校外语政策调整的必要性

李宇明指出，我国是一个外语学习大国，但是国家所拥有的外语能力却远远不能满足国家发展之需。一个好的外语规划，首先需要摆正外语在国家发展中的位置，制订有利于提升国家语言能力的外语政策。我们认为，所谓国家外语能力或好的外语规划就是指能最大限度满足国家战略需求，直接为国家利益服务的外语政策。21世纪，中国最大的战略需求就是应对全球化。

根据中国商务部统计，我国非金融类企业对外直接投资额呈现持续飞速增长态势，从2003年的28.5亿美元上升到2012年的772亿美元，对全球141个国家和地区的4425家境外企业进行了直接投资。我国在世界各地进行工作的各类员工已超过300万人。这就是说，无论是"引进来"还是"走出去"都需要大量既通晓专业又懂英语的人才，要求毕业生在他们的专业和行业内具有国际交往和国际竞争的能力。正因为如此，我国在2010年颁布的《国家中长期教育改革和发展规划纲要》（以下简称《纲要》）中提出高校要"培养大批具有国际视野、通晓国际规则、能够参与国际事务和国际竞争的国际化人才"。

在全球化背景下，李宇明提出了"本土型国家"和"国际型国家"的概念。我们认为在前者转变为后者过程中，我国的外语教学目的发生了根本性变化。在本土型国家，外语并无外在需求，学习外语的主要目的是打好语言基础，阅读西方文学著作，提高自身修养，因此具有鲜明的"向己型"特征。但在国际型国家，学习外语不仅仅是提高自身素质，修炼听、说、读、写的基本功，而是要培养学术英语能力和工作英语能力，以适应使用英语直接从事专业学习或今后工作的国际交往的需求，因此是外语教学必须具有"向他型"特征。我国之所以这么多人花这么多时间学习外语，但效率不高，原因之一恐怕是我们外语教学比较注意满足个人外语能力需求（如需要应试，需要有一个好的工作或留学），忽视了国家外语能力的需求。因此，要从满足个人外语能力需求向满足国家外语能力的需求转移，要从"向己型"的外语教学转为"向他型"外语教学，我们的外语教学的成功标准要改变。

大学英语教学成功的标志不是看学生四、六级分数考得多高，口语说得多么流利，语法基础多么扎实，也不是能大段背诵莎士比亚。这些固然重要，但更重要的是学生能否运用所学的外语直接为他们的专业学习和工作服务。如果我们的大学英语教学模仿专业英语课程设置，一味地开设高级英语，不断打基础，或开设英美文学课程等，不顾国家的战略需求，培养的学生不会用英语从事专业学习，不能在自己的专业领域内具有国际交流能力和国际竞争力，那么即使获得教学成果奖，也是大学英语教学的失败。

三、外语教学与专业需求

《纲要》是国家战略需求的集中反映。在《纲要》关于培养具有"国际竞争力的国际化人才"的精神指导下，我国高校正在进行一轮以国际化课程为核心的专业课程调整的改革。大学生越来越多地被要求用英语听课、听讲座、阅读专业文献、写综述和论文，以及参加国际学术会议。面对高等教育国际化，高校的外语政策必须调整，从原来以学习语言为目的的基础英语教学转移到为专业学习服务的学术英语上来。但目前的大学英语课程设置还是止步于打基础。根据我们统计，截至 2011 年年底，教育部共评出 38 所学校的大学英语为国家级精品课程，但只有 2 所大学在他们的教学目标中提到培养为学生专业学习服务的 EAP/ESP 能力。目前，我国的本科培养计划大约在150 学分，几十门课程，其中有专业课程和基础课程。但这些课程不是孤立和互不联系的，而是相互支撑为一个教学目标，即专业人才的培养。大学英语不是独立的学科专业，而是一门配套基础课程。大学英语不为专业服务就失去了其存在的依据。翻开各个专业的培养方案或教学大纲，在人才"能力结构要求"方面几乎都把外语能力包括进去。例如《高校本科自动化专业规范》明确指出自动化专业学生要"具有较强的本专业外文书籍和文献资料的阅读能力，能正确撰写专业文章的外文摘要。能用外语进行学术交流"。但遗憾的是，无论是教学大纲还是教学实践都没有有效反映这些要求。专业课程改革，培养具有国际交往和竞争能力的卓越人才不能仅仅靠学科专业的力量。要能够让学生听懂世界一流学者的讲座和讲课，读懂本专业的前沿文献，到国际学术会上交流，如没有大学英语教学帮助训练学生这种用英语进行专业学习和研究的学术能力，这个目标是很难达到的。因此，大学英语作为最大一门基础课程占本科总学分的 10%，没有理由也不应该游离于人才培养总目标之外，没有理由也不应该强调自身教学规律，把学习英语仅仅看成提高语言水平、提高自身素质的培养，对专业需求不予理睬。

四、外语政策与大学英语未来发展

在 20 世纪，大学英语是一个独立的教研室，主要功能就是配合专业培养既懂专业也懂外语的人才。从 21 世纪起，大学英语纷纷并入外文系或外文学院，定位发生了变化。现在该是从外文系或外文学院退出，成立真正独立的英语教学中心，回归大学英语教学本位的时候了。这是我国大学英语的发展方向，是一条正确的道路。大学英语与专业英语分离，转向为专业服务并不是为了应对经济全球化和高等教育国际化，满足国家战略需求的权宜之计，它对于我国大学外语的发展也有很重要的现实意义。

第一，有利于根治应试教学。我国大学英语界始终在和应试教学斗争，但收效甚微。最主要的原因就是提不出学习大学英语的正确目的，当《教学大纲》或《课程要求》只要求学生打下扎实的语言基础，培养听、说、读、写综合能力，但又不指明所学的英语用在何处时，学生只能用来应对四、六级统考和考托福、雅思等。相反，如果我们提出大学英语学习的目的是为专业学习服务，衡量外语学习是否成功的指标改为看学生能否用英语从事专业学习，这样无论是教师还是学生都不会受制于四、六级考试。

第二，有利于提高教学效率。我国外语教学始终被批评为"费时低效"，65%以上的大学生把他们大学的四分之一时间用于学习外语，但即使是清华大学的学生，"四、六级考试过关之后，英文文献读不了，英文论文写得一塌糊涂"。主要原因就是大学英语教学始终在低水平线上徘徊。由于大学英语定位在通用英语或基础英语，就不可能也没有必要提出比现在大学英语四级 4700 词汇量更高的要求。这样，教学内容重复中小学英语是不可避免的。但如提出为专业服务的定位，大学英语就可以提出较高的语言要求。要读懂一般的专业教材，词汇量要达到 8000~10 000。

第三，有利于教师的职业发展。如果走英语专业的道路，那么外语教学质量就一直无法提高，因为英美文学与外语教学并没有关系，即使是语言学和外语教学也差之千里，前者是研究语言的本身，而后者是研究如何学和如何教。如果不走英语专业道路，回归外语教学本位，大学英语就不会成为一门专门研究语言或文学的课程；教师课堂上的绝大多数时间就不会仅仅放在语法词汇、篇章结构、修辞隐喻和人物性格的分析上。他们就会研究学生学习中的心理认知过程和学习者个人差异，研究特定学科里的英语表明和学术英语交流策略等。这对大学英语教师知识结构的完善和职业发展都是有利的。

第四，有利于大学英语持续发展。最近几年（或从长远看），大学新生的英语水平不断提高。由于学生达到大学英语四级或六级要求的时间越来越短，大学英语课程的减少是不可避免的，原来16学分的大学英语课程都被普遍压缩到8~12学分。因此，如果还是坚持通用英语定位，大学英语消亡只是时间问题。

正如胡壮麟指出的："英语教学一条龙的最终目标是使高中毕业生达到现在大学四级水平甚至六级的水平。那么，这就产生若干年后大学英语是否继续存在的问题。"但如果大学英语调整定位，从通用英语转向为培养学生用英语进行本专业学习的ESP，这个崭新的教学内容不仅需要有足够的学分得以保障，而且由于它在整个人才培养方案中地位的凸显而会赢得专业和学校更多的支持。世界上大多数英语作为外语的高校里，从事英美文学和理论语言学的人是少数，重心是外语教学；而外语教学主要内容是ESP和学术英语，我国情况恰恰相反，具有导向作用的国家社科基金项目，教学类的寥寥无几。这是不正常的，因为我国根本不需要这么多大学英语教师和学生研究英美文学或语言学，市场也根本不需要这么多仅有英语一般听说读写能力的毕业生。国家需要的是大批能用英语从事本专业学习、研究和工作的人才。因此，从国家战略需求观察问题，英语专业逐渐萎缩，大学英语走向壮大是我国外语政策调整的必然趋势。

第四节　高职外语课教师专业素质分析

一、高职外语课教师专业素质的重要性

"素质"的理解，人们已经约定俗成。过去，我们把先天生理心理遗传要素称为"素质"，将后天获得的叫"素养"。现在我们普遍认为，素质是人所具有的维持生存、促进发展的基本要素，是在先天基础上经过后天环境和

教育影响获得的品质。

教师的专业素质，就是教师在教师职业生活和实践中逐渐形成的体现职业本质和规范的，促进学生发展的职业品质。它具体体现为教师的知识素质、能力素质和情感素质等。作为高等教育的特殊组成部分的高职教育，其教育教学的导向及目的是要凸显其实践性和职业化。

高等职业院校改革和建设的重要保障归根于高职教师专业发展，高职教师专业素质高低关系到高职教学质量的高低，影响技能型合格人才的培养。有学者认为，教师质量问题仍然是我国高等教育序列英语教育改革的核心问题，重点仍然是如何教和如何学的问题，以及怎样自我发展的问题。

因此，高等职业教育教师如何进行职业定位以及如何专业化发展的问题逐步为教育界所关注。培养学生的职业技能虽然是高职教育的重要职责，但离开了丰富的文化基础，专业技能的底蕴就不深厚。高职外语课程的开设就是为学生掌握现代生产、管理和服务提供更加深厚的基础和广阔的视野。同时，英语基本知识和技能还可以为学生进一步接受更高层次的教育和终身学习提供发展空间。从学生未来职业发展来看，"综合素质"是社会对培养对象提出的更高要求，高职学生可能成为未来的高级工、技师、高级技师，掌握一门外语有助于他们获取国外新技术信息、进一步提高技能水平。但这些重要目标的实现取决于教师，尤其是具有良好专业素质的教师。实现载体就是他们的教育教学过程。

一直以来，围绕教师专业发展这一主题，许多研究主要是针对普通高校，尤其是基础阶段的教师。专门就高职教师特别是某学科教师的相关研究还很少。高职院校教师虽然属于教师群体的一部分，但是由于高等职业院校培养目标、教育对象、教学方式等不同于一般高等教育，高职教师素质要求除了具有教师职业素质的共性外，也有相异于一般教师之处。当然，教师专业素质提升方面的内容、途径、方法以及目标取向等必然存在差异。

比如，高职院校课程内容必须具有实用性，以传授技能为主，教授知识为辅；在培养学生方面，要体现技能性；此外，它的教学方式也不能是一支粉笔打天下，必须具有很大比例的实践教学等。所以高职院校教师的专业素质提升发展都亟须从理论上进行研究，而这些研究又是教师专业发展的题中应有之义。实践意义方面，高职院校英语教学质量提高的关键因素是英语教师专业发展的水平和状态。高职英语教师知识结构和能力结构等方面的深入探究有助于教师正确评价自己的素质水平，从而为自身专业发展寻找到突破口和着力点，从根本上实现学生成长的同时，也彰显自身的职业价值、推动学校内涵式发展。

二、高职外语课教师的专业知识

高职外语课教师专业知识应该包括以下几方面：

（1）英语语言知识。英语课程教学的特点决定了英语教师首先应该具有良好的语言基本功，这是英语教师的职业立足点。英语教师标准的语音、语调，流畅的朗读、优美的书写等素质为学生英语语感的培养树立了榜样，同时营造了英语学习的氛围，无形中激发了学生的学习欲望。

（2）博雅的文化知识。英语作为一门语言不仅承担着语言传递的功能，也是一种文化的载体。其内容不仅具有听说读写等工具性，更涉及和包含着西方文化、人文通识等众多因素。英语教师要实现更高层次的发展，实现英语课程的更大价值，成全学生的整体素质培养，就必须在扩展自身知识面上下功夫，不断加强自身知识结构，就需要不断涉猎和扩展自己的知识面，加强知识结构的优化。拥有合理优化的知识结构，可以保障在知识传递中，达到最佳教育效果。英语教师更要实现"专业知识"和"通识知识"的统一，不但可以扩大学生的知识视野，还能激发和满足学生的求知欲。

（3）操作性知识。教师职业和其他职业最大的差异是"劳动对象"的不同，教师的教育教学直接面对的是有思想、有活力的学生。教师必须在教育教学的动态过程中，实现"善喻"，即有效将静态知识合理地传授给学生，对学生的成长产生正向影响。"通过什么样的方式手段、使教学过程合理有效，使学生易于掌握所教知识形成有效学科学习能力，这类知识常被称为操作性知识。"这类知识的来源或是教育理论文献书籍，或是同伴教育信息交流，当然也离不开教师自身对教育问题的敏感和思考。操作性知识也是教师形成教学个性的重要来源因素。

（4）实践知识。教育教学依赖于一定的课堂活动情境，课堂情境的最大特点是具有灵活性和机动性，也就是具有不确定性。教学的艺术创造不仅来自教师对课程教学内容的掌握程度，更来自教师不断生成的体现于不确定教学情境中的教育教学智慧—个体实践知识。是否拥有丰富灵活的实践知识是一名教师成熟与否的重要标准。实践知识具有情境性、个体性和内隐性的特点。它直接影响教师课堂教学活动的效果。这种知识的有效获得，不仅需要教师具有深厚的教育教学功底，还需要教师在实践中不断积累经验、及时反思教育问题，并在灵活地创造性运用教育教学理论中解决教育问题。

三、高职外语课教师的专业精神

教师职业不仅仅是纯客观的知识传递，在复杂的教育过程，始终起到内在动力作用的是教师积极的职业精神和情感。高职教师专业精神包含积极的职业情感、专业理想和符合职业责任的职业道德。教师的职业情感是指教师在职业活动中逐渐形成的态度和体验。它的境界就是教师的教育信仰。在精神和情感层面，教师的职业情感一般表现为深刻理解教师职业及教育生活，并从内心产生的一种认同和肯定，具体表现为积极的职业价值认定、职业荣誉感、自尊感以及在职业生活中常常感觉到的道德满意度。积极的职业情感会使教师对自己所从事的职业产生一种与幸福感相伴随的责任感，从而从内在促进教师不断追求更高质量的教育生活。在积极的职业情感动力驱使下，高职教师对自己在思想深处敬佩的教师效仿和向往与其一样，这都是职业理想的体现。在实际工作中，它可以转化成教师内心强大的发展内因：强烈的专业追求和精益求精的精神面貌。当前，教师教育思潮使人们逐渐厘清了一种全新的教师观。这种教师观超越和突破了传统，不仅需要教师在自己相关专业学科方面具有扎实的知识储备和熟练地驾驭课堂、学生、组织教学的能力，还需要具备一种更为广阔的专业特性，包括：能够质疑探讨自己教育教学理念与行为；不断研究自己教学的技能；能够自觉地在工作中质疑和检验理论；随时可以应对和教学同行就自身学科和专业理解的交流和讨论。

四、高职外语课教师的综合素质

《高等职业教育英语课程教学要求（试行）》强调高职外语课程教学成败关键在于英语教师素质。教师素质是教师将如何做教师的静态知、能、情多方面内化在自身而体现在教育教学行为中，并对学生产生积极影响的综合产物。无论国内还是国外都认为教师素质是教育改革和发展的根本。

理查德和纽楠在重要里程碑著作《第二语言教师教育》中明确指出：掌握教学技能是教师最基本的，除此之外，教师还要在教学理论、教育决策能力、理论联系实际能力、自我批判和自我评价能力、课程开发和教学研究等方面提升自身能力。理查德还以自身教育实践中反思总结出教学理论、教学技能、社会交往能力、专业知识、教学推理能力、随机应变能力在语言类教师核心知识基础上的重要地位。教育界普遍认可的英语教师素质体现在如下几个方面：①英语教学信念（包含学习者和学习性质信念、学科价值信念）；②英语专业知识、英语国家相关文化背景常识、教育学心理学方面的知识；③英语教师职业能力（包含理论实践结合能力、语言表达、教学组织调控、问题研究能力等特殊能力）；④教师职业道德和情感态度；⑤健康的个性心理（包含和职业相关的情趣爱好、有助于教育的性格和情绪等）；⑥自我发展需要的自觉性。

五、高职教育发展形势对英语教师的挑战

高职公共英语教学改革的终极目的，就是让每一名愿意接受英语教育的学生都能在既定的公共英语教学设置下，有效形成、提升与自己英语学习能力基础相适应的英语实际应用能力；而这种能力的形成和提升，又必须服务于高等职业教育培养高技能型人才的总体目标。

英语教指委在受教育部委托组织起草的相关教学文件中指出，"高职英语课程是培养高职学生综合素质、提升学生职业可持续发展能力的重要课程，其教学目标是培养学生在职场环境下运用英语的基本能力"。而英语实际应用能力也应该是高职学生职业能力构成的重要组成部分。非英语类高职学生能力构成的主体是其专业职业能力，英语能力只是其职业能力的辅助成分。也就是说，英语能力必须为学生的专业职业能力提升及其可持续发展服务。

事实上，作为一种交际工具，英语只有在职场环境下才能使其使用价值得到最大限度的发挥。因此，职业性和实践性是高职公共英语课程改革的方向。英语教指委于2007年年底以问卷形式对全国高职院校的公共英语教学状况作了比较全面的调查并对调查数据进行了分析。

在此基础上，英语教指委提出并大力推进高职公共英语课程结构改革的主要思路——"基础英语+行业英语"，同时指出基础英语阶段的教学内容可与行业英语阶段的教学内容自然衔接，或将行业英语教学渗透到教学的全过程。相关教育学研究表明，一门语言课的内容越接近于学生的功能需要，语言教学就越可能取得最好的效果。

行业英语教学就是使英语教学内容尽量贴近学生未来就业行业的需求，激发学生学习英语的兴趣，注重培养学生用英语处理与未来职业相关业务的能力，从而提高学生的就业竞争力及可持续发展能力。"基础英语+行业英语"课程教学结构改革的实施将在英语教学过程中融入与某一行业主要职业（岗位群）工作相关的英语内容，强化高职高专公共英语教学的实用性特征，最大限度地体现学校学习与实际应用的一致性，真正符合高等职业教育大力倡导的"工学结合、校企合作"的人才培养模式。

六、高职英语教师面临的新要求

高职公共英语教学改革思路对英语教师提出了新要求、新任务和新挑战。研究高职公共英语教师发展成为高职教育的当务之急。英语教指委在其组织起草的高等职业教育英语课程相关教学文件中提出，高职院校要制订教师发展规划，定期在教学理论、教学方法和教育技术等方面对英语教师进行培训；要鼓励教师研究高职英语教学规律，创造性地探索新的教学模式；要建立英语教师定期到行业、企业实践的制度，要求教师研究与行业相关的教学内容，增强"双师"素质，不断提高教师行业英语教学能力，以适应高职英语教学改革与发展的需要。

行业英语教学既不同于基础英语教学，也在教学目标、教学内容和教学方法上有别于传统的专业英语教学。这就对高职公共英语教师的角色定位与教学能力提出了更高的要求。教师必须主动面对这种挑战，努力提升自身的职业素养与执教能力。高职公共英语教师在提高英语综合应用能力及专业水平的同时，还需主动学习和了解相关行业的基本专业知识，积累相关实践经验。一定的专业知识和专业实践经验是英语教师有效开展行业英语教学的重要条件。

教师必须适应行业英语教学的需求，重新调整角色定位，积极学习，不断提高自身的"双师"素质。我国高等职业教育仍处在探索阶段，教师教育也需要不断探索和创新，以满足高职教学改革的需求。因此，落实高等职业教育教师发展工作比以往任何时候都迫切。

第三章　高职英语教师专业发展与任务型教学

第一节　高职英语教师专业化发展的指导思想和目标

自 2002 年《国务院关于大力推进职业教育改革与发展的决定》（国发〔2002〕16 号）出台以来，我国高职教育发展迅速，高职院校的师资队伍建设取得了很大成效，但总体上结构不尽合理、实践能力偏弱、培养渠道相对贫乏等情况尚未从根本上改观。《教育部关于推进中等和高等职业教育协调发展的指导意见》（教职成〔2011〕9 号）中指出："十二五"时期国家以科学发展为主题，以加快转变经济发展方式为主线，把经济结构战略性调整作为主攻方向，促进经济长期平稳较快发展和社会和谐稳定，要求职业教育加快改革与发展，提升服务能力，承担起时代赋予的历史新使命。

科学发展观同马克思主义、毛泽东思想、邓小平理论及"三个代表"重要思想是一脉相承的。我国提出的科学发展观是紧密结合了中国特色社会主义的伟大实践，是新时代的发展内涵和实践要求。从理论上讲，科学发展观的理论有两条基本主线：一是把握人与自然之间关系的平衡；二是实现人与人之间关系的协调。这两条主线的核心和精髓就是"以人为本"。对于教育而言，教师是"两个主体"之一，即"教"的主导力量，在教学中占有极其重要的地位。不论在哪个学科的教学中，把握科学发展观，坚持"以人为本"，重视对教师专业化的培养，都体现了教育的内在要求（杨柳，2009：55）。因此，在高职英语教学中，以调整、优化英语教师人才素质为重点，重视其专业化培养，提高教师队伍业务能力，是一个十分值得研究的重要课题。事实正是如此，教师专业化发展已经成为我国教师教育改革的一个重要取向，是当下教师教育实践的主流话语。近年来，"教师专业化"这一名词出现得较为频繁，并一再被强调。那么，什么是教师专业化？这里的教师专业化应该包括教师职业的两个方面，即独特的职业要求与职业条件，而且这两个方面不是一成不变的，它是教师职业道德、职业知识、职业能力、身心素质持续成长的过程，其专业性既包括学科专业性，也包括教育专业性。尽管我国对教师任职既有规定的学历标准，也有必要的教育知识、教育能力和职业道德的要求，但这些要求往往具有滞后性。高校要更好地培养优秀人才，就必须站在发展的战略上，把教师专业化培养作为一个持续的过程，作为一个常态化的发展策略。总之，教师职业的专业化既是一种认识，更是一个奋斗过程；既是一种职业资格的认定，更是一个终身学习、不断更新的自觉追求；它需要主客双方的共同努力。

高职英语教师专业化建设的指导思想是：以科学发展观为主题，以《中华人民共和国高等教育法》《中华人民共和国教师法》《国务院关于大力推进职业教育改革与发展的决定》（国发〔2002〕16号）、教育部办公厅《关于加强高等职业高专院校师资队伍建设的意见》（教高厅〔2002〕5号）、教育部及中国教科文卫体工会全国委员会《高等学校教师职业道德规范》（教人〔2011〕11号）以及《教育部关于推进中等和高等职业教育协调发展的指导意见》（教职成〔2011〕9号）为指导，以培养"双师型"教师队伍为重点，通过大力培养培训"双师"素质、加快专业骨干队伍建设、不断改善教师队伍结构、深化人事制度改革等措施，逐步建立一支师德高尚、素质优良、业务精干、结构优化、富有创新精神和活力的，能适应高等职业教育改革和发展需要的教师队伍。

依据指导思想，综合高职教育对英语教师素质提出的基本要求，笔者认为高职英语教师专业化的目标可定义为：第一，教师应掌握英语学科领域的专业素养，如英语语音、词汇、阅读、听力等基础知识；了解中西文化，能将跨文化知识渗透到英语教学中。这里的专业素养除了英语学科领域的专业基础知识外，还应包括一定的英语学科领域的科研能力，即综合、灵活地运用已有专业知识进行创造性活动的能力。第二，教师应具备英语教育专业的素养，在掌握高等职业教育的基本特点和规律的同时能够不断更新英语教育教学理念，紧跟应用语言学理论的发展；掌握现代化教学手段和改革方法，推动信息化与职业教育的深度融合；了解学生的心理和外语习得的基本规律，开设丰富多彩的课程，提高学生学习的积极性和主动性。第三，教师应具备较高的职业道德标准和行为规范，遵循教育部颁发的《高校教师职业道德规范》提出的要求。第四，英语教师应具备丰富的实践工作经验和较强的技术应用能力，并取得相应岗位的资格证书，如剑桥商务英语证书、单证员证书、跟单员证书、翻译证书等。

毋庸置疑，高职教育的迅速发展为我国培养了大量的应用型技术人才，提升了各行业生产、管理、服务等岗位人员的素质，促进了我国经济的发展。但高职教育发展进程中也不可避免地存在不少问题，如教学内容陈旧、办学特色不突出、师资建设和实训条件建设明显滞后于发展规模等。在师资建设方面，尽管近年来我国高职院校比较重视，但对其专业化水平的培养仍显不够，尤其是高职英语教师专业化培养方面，英语水平（职业知识）不高、教学能力（职业水平）不强的教师比较多。因此，如何提高高职英语教师的专业化水平，已成为我国高职院校无法回避的重要问题。高职英语教师专业化提升的关键是要从认识上着手，即在高职英语教师专业化培养的过程中，要以科学发展观为指导。

首先，以科学发展观为指导，就是要求在高职英语教师专业化培养的过程中，深刻认识到高职英语教师培养的"广泛性"要求，即以德才兼备为标准，努力提高高职英语教师的整体素质。笔者认为，高职英语教师应具备扎实的英语基本知识，如词汇、语法、语音以及相关的实践技能（笔译能力、口译能力）；高职英语教师应具备跨文化方面的基础知识，如对中国本土文化、主要英语国家文化的了解；高职英语教师还应具备丰富的跨专业方面的知识，包括英语相关学科的专业知识及对学生主修专业知识的大概了解，等等。当然，作为一名教师，还要具备教育学知识，比如了解如何引导学生学好英语、如何组织有效的课堂教学等。总之，现代高职院校是多层次、多专业构成的综合体，要培养适应现代社会发展的高素质英语人才，迫切需要具备较高英语专业水平、职业能力的英语教师。

其次，以科学发展观为指导，就是要求在高职英语教师专业化培养的过程中，深刻把握培养的可开发性，即以能力建设为内容，大力培养高职英语教师的创新能力、科研能力。高职院校与本科院校、中专学校在办学理念和培养目标等方面有一定区别。在英语教学方面，高职院校的英语教学培养目标应提倡"实用为主，够用为度"，即强调的不仅仅是基础的英语语言知识和跨文化知识，还要特别重视实用——要以培养学生日常交际能力与业务交际能力为主。这就要求英语教师摆脱传统的教学理念和教学方法，在教学中不能将重点放在讲授上，而要将重点放在学生练习上，即强调由知识向能力的转化。此外，英语教师要传播知识就要先拥有知识，因此要进行教学科研和教学改革。这些都要求教师更多地去学习、研究，提高专业化水平，进而更好地教育学生（张庆云，2009：61-62）。

最后，以科学发展观为指导，就是要求在高职英语教师专业化培养的过程中，要重视教师培养的可持续性，即以调整、优化英语教师素质为重点，加强素质建设与师资建设的互动。以人为本，走深化职业知识、提高职业能力的道路，提高培养质量，解决好新老更替的关系，建立合理的人才结构体系。一方面，在高职院校人才培养内容的标准定位上既要注重实践性，又要体现综合性；另一方面，要着眼于长远发展来培养人才。在教师人才教育培训内容的选取上，既需要采用相对稳定的专业内容，又要根据高职院校的不断发展而适时调整；既要突出持续性，又要体现时代性，要反映专业最新教学成果，为高职院校建设可持续发展储备一批高素质新型英语专业人才。

第二节　高职英语教师专业化发展的内涵和要求

这是一个全球化的时代，也是一个英语大行其道的时代，人们可以通过各种各样的方式来学习英语，英语几乎成了工作中的必备语言。这种情况给英语教师带来的冲击是：随着英语的普及和民众整体英语水平的提高，英语教学的层次和程度不断提高，教师如何不断适应新的要求？在全民学英语的背景下，英语教师如何突出自己的专业性？这是当前英语教师必须面对的现实问题。

一、教师专业发展的研究现状

在教师专业发展这个主题上，国内外的研究已经相当丰富。从内涵上看，Hargreaves 等人（1992）指出，教师专业发展可以从知识与技能的发展、自我理解和生态改变三个方面来理解。教师专业发展是"人"的发展（Connelly，1988）。Evans（2002）提出，教师发展最基本的是态度上和功能上的发展。前者是教师在态度上的改善过程，后者是专业表现改善的过程。其中态度上的发展包含智识性发展和动机性发展；功能上的发展体现为程序性发展和生产性发展。Hargreaves（1995）认为，教师专业发展不仅应包括知识、技能等技术性维度，还应该广泛考虑道德、政治和情感的维度。在这些研究成果的基础上，国内有学者认为，教师专业发展可理解为教师不断成长、不断接受新知识、提高专业能力的过程。它包含教师在生涯过程中提升其工作的所有活动（卢乃桂，2006）。笔者对这一概括较为认同，其比较符合教师专业发展的实际。

　　教师专业发展研究的目的是研究教师的专业成长过程，迄今为止所涉及的重要研究课题包括教师专业发展的规律性、阶段性特征、发展成因、教师学习（teacher learning）、教师专业发展过程等（吴一安，2008）。关于英语教师专业发展与一般意义上的教师专业发展有基本相同的解释（贾爱武，2005）。Freeman（1998）在《语言教师知识基础的再概念化》中对英语教师在专业发展方面提出了基于专业技能训练、但超越单纯专业技能的英语教师专业发展方式，并对英语教师专业发展的知识性基础进行了讨论。Pennington认为教学之所以成为一种专业的显著特征，就是因为把教师专业成长作为一个永久目标来对待（Pennington，1990）。在英语教师职业专业化确立的前提下，英语教师专业发展概念有两个维度，其一指教师个人在专业教学生涯中的心理成长过程；其二指在职教师受外在的教育或培训而获得上述方面的发展（贾爱武，2005）。国内学者吴宗杰（2005）基于批判实在论的社会科学研究哲学视角，运用批判话语分析、民族学人种志（ethnography）方法论和叙事研究方法（narrativeinquiry），对我国某高校一组英语教师自发的课程改革实践活动进行了长期跟踪研究，发现教师学习和他们的专业成长是在其对教学的探索性实践中成就的。更进一步讲，教师专业发展就必然意味着变化和发展，语言教师首先要有需要发展的意识、积极开放的态度，这样他们才会产生知识的积累和技能的发展（Larsen Freeman，1983）。

　　从上述研究不难看出，英语教师专业发展的过程就是教师在教学实践中产生困惑、进行思考、学习、发生变化、得到发展的进行性的循环往复的过程。这一过程与其他教师的专业发展并不存在本质上的区别，但是由于英语教师在专业技能方面具有较高要求，在其专业教学能力发展的同时，还需要具备专业技能的跟进发展。因此，从具体的内涵来看，英语教师的专业发展主要涵盖精神层面、知识层次和技能方面三个领域，三个领域的协同发展，将促进英语教师逐步成长为真正的专业人员，同时在其他影响专业性的领域不断发展，最终实现专业化。但在实现的途径上存在一定差异，如 Richards J. 与 T. Farrell（2005）等人介绍了目前国际上较为流行的用于语言教师教育和发展的 11 种教师学习策略，如教师工作坊、自我监督、教师支持小组、教学日志撰写、同伴观察、教学档案、关键事件分析、案例研究、同伴辅导、团队教学和行动研究等。笔者认为，通过学习任务设计来实现教师专业发展糅合了多个发展策略的基本思想与操作思路。

国内在这一问题上也形成了较多的研究成果。钟启泉（2000）、饶从满（2005）、张民选（2002）、卢乃桂（2006）等人都在这一问题上取得了代表性的研究成果。

教师专业化包含三个层面：一是教师所教专业的学科知识的专业化，教师能够胜任本学科的教学任务；二是教育素养的专业化，教师能够运用先进的教育教学理念、教学方法、现代教育技术授课；三是教师职业道德的专业化，教师在传授知识的同时，能够正确引导学生做事、做人。

"高职英语教师专业化"与"教师专业化"之间最明显的区别就是"实践性"和"技能性"。高职院校英语教师培养面向涉外企业生产、建设、管理和服务第一线，应培养掌握商务活动职业岗位（群）所需的基本知识和专业技能，具备较强的英语听、说、读、写、译基本技能和扎实的经济贸易及商务专业基本理论，能熟练操作计算机，具有良好的职业道德、诚信品质、团队精神和创新素质，德、智、体、美全面发展的高素质技能型专门人才。这就要求高职英语教师在满足基本的学术能力、职业能力、教育能力的同时，还应突出高职教育的特点，即具有丰富的实践经验和娴熟的操作技能，以及较强的专业实践性。

日新月异的时代对未来教师的角色给出了新的定位，教师不仅是学习引导者和心理教育者，还应该是行动研究者。鉴于职业教育的特殊性，职业院校对英语教师的要求也有了新的突破，从角色转变、能力定位上升到专业深化，要求英语教师所承担的不应该仅仅是英语基础知识的传授，更多的应该是创建基础英语与职业能力培养的灵活结合机制；并且，在角色上也需要有更大的转变，即要求从教学一线的传道者发展到教与研相结合的研究者，形成教学与研究的科学共同体。

（一）角色的转换

受应试教育的影响，有一部分英语教师仍然停留在传统教学"满堂灌"

的层面，在教学方法上没有太大突破，间接限制了学生自主学习能力和创新思维的发展。职业院校教学模式本身就具有强大的实践应用性，特别是高职英语教学需要摒弃陈旧观念，开拓创新，自主发展。教师在教学中所担任的角色应该从第一课堂的主导者向第二课堂的引导者转变，多鼓励学生自己动手动口训练，通过诠释来加强学生对知识的掌握程度，借助分析来培养学生解决实际问题的能力。

（二）能力的定位

大部分高职学生的英语根基不扎实，对英语的学习兴趣也不高，这成为教师在教学过程中的重要阻碍因素。加之学生对所学专业的倾向行为，使英语教学更加难以达到预期效果。在学生看来，他们只需学好自己的专业即可，认为公共英语课根本没有开设的必要，这些课程的开设只会占据专业课的学习时间。因此，在这双重抵制力之下，英语教师要想上好每一堂课，提高学生对英语学习的兴趣，就必须具备较强的课堂驾驭能力，能够灵活利用第一课堂来提高学生的英语学习积极性，然后借助第二课堂来营造英语学习氛围，促使学生从被动学习转变为主动学习，迫使学生运用英语思维学习。

（三）专业的深化

高职院校的英语教师大多数都是师范院校英语专业本科毕业，对英语本专业的学习较为扎实。然而，高职院校的专业设置具有一定的局限性，大学英语课程在高职院校被作为一门公共课程开设，是每个专业学生的必修课，教师一般只需带领学生通过英语三、四级考试。但是，随着各专业建设的大力发展，各类专业教学对英语教师提出了更高的要求，它要求英语教师在开展英语教学的同时，应积极结合学生所学专业的需求，以公共英语课程为专业发展服务，真正做到以英语课堂巩固专业知识，以专业知识增强英语兴趣，最终实现学生"专业+技能"全面发展。

尽管目前的教师培训体系正在不断完善，但其本质仍属于外化发展。外化发展若不能促进英语教师对知识、技能的真正内化，是难以收到预期效果的。笔者认为，以科学发展观为指导，把"以能力为本"的理念落实到高职英语教师的培养体系中，把促进教师的专业化发展作为教育的一个重要环节，既是教育领域落实科学发展观的重要实践，又是高职英语教育的内在要求。对于高职院校及英语教学的直接领导机构而言，以科学发展观为指导，坚持以"能力"为本，就是既要建立英语教师专业化发展的体制（譬如建立完善的高职英语专业教育体系；改善现有英语教师的专业知识结构；建立英语教师的专业评审制度，等等），又要为英语教师建立专业化发展的考评机制。

二、建立英语教师专业化发展的体制

建立英语教师专业化发展的体制，其实质就是为英语教师专业化发展创造必要条件。

（一）积极开展校本培训

鼓励和支持高职英语教师参与校本培训是由学历教育向终身教育过渡。所谓"校本培训"，就是以学校为培训基地，以本校教师为培训对象，由学校发起、组织、规划，充分利用校内、外的培训资源，以提高教师教学科研和服务社会的能力，促进学校发展为目标的在职教师培养。校本培训以教师任职学校为培训基地，学校可以根据自己的实际情况合理安排培训时间，较好地缓解工学矛盾，同时免除教师离岗培训的差旅费、学习费，减轻了教师和学校的经费负担，降低培训成本。培训内容包括教师职业道德、教师职业技能、现代教育技术、在职学位提高、外语教学理论与实践、语言学理论与外语学习理论、教育心理学理论等。培训形式包括学术讲座、科研进修、访学、网上学习、国外短期培训、合作研究等。因为校本培训是满足学校教育改革和教师自身发展的需要，立足于本院校、教师、本专业特色的教师培训理念与模式，并且在实践中能够克服和弥补传统教师培训中的不足，所以教师校本培训的理念和形式正逐渐被高校接受，并作为一种新型的教师在职教育模式受到高校的关注，在实践中不断得到发展。各级学校生存、发展的根本依托在于教师素质的不断提高。许多学校都在建立并不断完善本校的终身教育培训制度，以便为广大教师提供深造的机会和自我发展的空间。校本培训包括不定期请专家、学者到学校进行专题讲座，指导发展活动；申报课题或承担当地的各种教研活动，如英语研讨课、示范课、观摩课、各种竞赛活动，以及其他教师不出校门就能参加的校内教研活动等。可以说，校本培训是提高教师素质的一条十分宽广便捷的途径（刘云，2005）。

（二）开放思想，加强互助合作，融入教育组织

高职英语教师的专业化发展不是孤立的发展行为，因为个人的理论视野和创新能力总是有限的。通过互助合作，融入教育组织，不仅可以加速高职英语教师专业化发展的进程，还可以克服教学环境中的负面影响和孤立感。进行校内外交流互动是英语教师互相学习、互相促进、共同发展的重要途径。例如在校内开展互相听课、集体备课、说课商讨、辅导等活动，能使英语教师相互借鉴、集思广益、共同切磋、共同进步。走出校门与外校教师一起交流，更能取百家之长，补自家之短。所有教师都应保持开放心态和开放思想，积极参与校内外的交流活动以求发展。

（三）从学科角度引进重点高校的硕士毕业生

引进重点高校的硕士毕业生担任新英语教师，最好是在语言学、教学法、文学、翻译、跨文化交际等英语专业方面都引进一些这样的人才，这有利于学院的学科建设，促进教师们的专业互补。从实用角度看，高职院校也可以尝试引进一些外贸公司、外资企业、国际旅行社、涉外宾馆等部门从事外贸业务、翻译、外宾接待等与英语相关的专业工作人员。这些人才既有英语专业知识又有丰富的实践经验，在英语教学中能紧密结合工作实践，将新内容、新方法、新经验及时融入教学中，使教学内容更贴近社会工作现实。学院可以通过这两方面的相互交流，促进英语教师的专业化发展。

三、建立英语教师专业化发展的考评机制

建立英语教师专业化发展的考评机制，就是要为英语教师专业化发展提出要求。其内容主要包括如下几方面。

（1）提高英语教师的职业水准，完善教师聘任制，破除教师职业"终身制"，把那些虽然具备合格学历但缺乏相应的教育能力的英语教师淘汰出队伍。

（2）完善英语教师教育内容，确立"一体化"（职前与在职）教师教育体制，以提高教师教育质量，在教师学历教育基本完成后，转向师德养成、教学方法与技能、学科前沿知识、人文素养、信息技术等综合能力的终身培训。

（3）强化实践课程和课程开发，突出现代教育技术的训练，重视教师反

思性判断力的培养，发现和解决教育中的相关问题。只有从制度层面来推进、保障教师专业的发展，教师专业化水平才能不断提高（吴天武，2005：103-107）。

高职英语教师应以科学发展观为指导，坚持以"能力"为本，树立"终身学习"理念，不仅视自己为新型的知识传授者，而且要视自己为教学过程中的促进者、研究者、改革者与决策者。只有这样，才能在整个专业化发展中，自觉地进行专业训练，习得教育技能，研修专业道德，进行教师专业人格的塑造，从而提高从教素质。

教学反思是教师教学中的一个重要环节，高职英语教师可以采用教学日志、教学观摩、问卷调查、教学录像等形式，对教学理念、教学设计、教学模式、学生评价等进行反思。教师在自我反思的过程中，能够促进教学，拓宽专业视野，激发不断超越自我的动力。

高职英语教师要追求专业化的发展就要学会不断地理性反思自己的教育教学。所谓反思，是指有意识地记录自己英语教学工作的所见、所闻、所感，并适时地分析和总结这些材料，经常"自我对话"，在思考、批判和否定中求发展，不断地探求更新、更好、更科学的教学方法。笔者认为，这种开展教学行动研究的方法不仅能系统反映反思性教学的特点，而且比较容易操作，此方法对提高教学质量、促进高职英语教师专业化的发展必将有十分明显的作用。

由于英语课程是公共基础课，英语教师的教学任务一般都比较重。现实情况表明，高职英语教师的周课时一般在16节以上。因此，高职英语教师必须制订自学计划，可从两个主要方面入手。一是自我专业发展方向，即根据自己的兴趣、专长或需要，集中精力重点在英语教学某一领域进行研究，有目的、有针对性地阅读英语教育方面的理论读物、撰写文章。二是加强高职外语教育科研新理念的学习。如前所述，英语作为各高职院校的公共必修课，课时量大且教学内容繁多，但如果教师只忙于日常繁冗的教学任务，不主动培养自身的科研意识、提高科研能力，就不可能提高其专业化水平和职业尊严。先进的教学理念是高职英语教师专业化的又一体现。

调查数据显示，大部分高职英语教师对外语教育教学理念的掌握情况一般，不能将教学上升到一定的理论高度，教师教育课程中对英语学习的习得过程缺乏理论指导。因此，教师授课还是以讲解为主，即采用"灌输式"而非"启发式"教学。教师采用的教学活动大多是自己在学习英语时所经历的各种活动，难以体现国内外在外语学习理论上的新认识，不利于提高学生的语言学习和交流能力。特别是在英语学习环境下，这样的学习活动会给学生带来事倍功半的效果或者扼杀学生的学习兴趣。有效开展科研不仅需要有较强的科研意识和动机，还需要用相应的科研理论和方法武装自己。多研读这方面的论著对帮助英语教师了解外语教学科研的基本概念并掌握相应的研究方法大有裨益。

高职英语教师教学理念的专业化，体现在教师对高职教育、语言学及外语教学理论的学习和掌握上。高职英语教学属于外语教育学，涉及教育学、心理学、应用语言学等学科，因此高职英语教师需要了解与高职外语教学密切相关的学科与领域，如高职教育理念、外语教学法、二语习得理论、语言教学理论、语用学、社会语言学等。

教师在运用所学的教学理念进行教学的同时，还应该基于日常教学开展科研活动，这样不仅可以使教师通过理论学习和实践深入了解如何有效地进行课堂教学，还可以帮助教师对各种教育教学理论保持理性和思辨的态度，促进对自身教学实践经验的提炼和升华，并逐步形成自己的教学理念和教学特色。在主动积极地开展科研的同时，教师还需要用相应的科研理论和方法武装自我。目前，国内介绍外语教学科研理论和方法的专著主要有刘润清编著的《外语教学中的科研方法》、韩宝成所著的《外语教学科研中的统计方法》、文秋芳所著的《应用语言学研究方法与论文写作》、秦晓晴所著的《外语教学研究中的定量数据分析》。这些论著对帮助高职英语教师了解外语教学科研的基本概念并掌握相应的研究方法大有裨益。

教师要明确专业发展目标，树立"终身学习"理念。教师要坚持听、说、读、写等方面的实践练习，预防因长期接触同一水平的英语教材及教学而不做更多的实践练习导致语言水平停滞。在高校英语教学任务日益复杂化、教学目标多元化、教学手段多样化的背景下，无论是受内部因素还是外部因素的驱动，高职院校英语教师都应树立"终身学习"的理念，明确专业发展目标，并制订具体计划，逐步付诸实施。此外，还要促进外驱向内驱的转化。笔者认为，终身学习的理念应该是教师专业化发展的核心观念，实践性、自主性则是其关键部分。以往学者在研究英语教师专业发展策略时，存在忽视"教师应拥有终身学习理念和动机"的问题，而这一点恰恰是英语教师实现专业化发展的内在动力。随着社会文化的发展、技术的进步、知识的激增、教学设备的更新等，高职英语教学在内容、方式、教学工具、组织形式等方面都发生了重大变化（如多媒体、网络学习），学院英语教师如果不保持学习的状态，对新出现的知识等就会无所适从。

第一，高职英语教师要对英语学科体系有一个整体的认识，既要对我国现有的高职高专教材及教学大纲有全面的了解，又要对初中、高中、大学等各阶段英语知识的重点、难点十分清楚。笔者认为，只有对英语知识体系有多层次的了解和掌握，才能把握教学重点和难点，灵活运用。高职英语教师要清醒地认识到高职院校与中专学校、本科院校的英语教学目的和手段的不同之处，尤其是不能仅满足于给学生讲授英语单词、语法、句子等基础知识，而是要尽可能地精通并讲授更高层次的专业英语知识，如教学法、文学、语言学、翻译等。高职英语教师只有明确了课程的教学目标，才能形成正确的教学观，也才能在教学过程中有的放矢，有效地完成教学任务。

第二，高职英语教学的应用性较强。除了公共基础英语外，高职英语课程设置往往与经贸英语、电子商务、旅游英语、商务英语等课程相关。因此，职业学院的英语教师只有了解这些相关专业的知识，才能满足职业技术学院学生的需求。很难想象一个只有英语基础知识的教师能教好旅游专业的英语课程。笔者认为，职业学院的英语教师有必要经常与相关课程，如外贸英语、商务英语等课程的教师交流。教师间的合作，不仅指英语学科的，还包括不同学科教师的合作，以加强学科的整合。譬如，如果一个英语教师承担着计算机专业学生的英语教学任务，他就必须经常与计算机专业的教师交流或看看计算机方面的专业书，以便对计算机专业知识有所了解，更好地担任该专业的英语教学。总之，英语教师只有不断关注现代学科知识的应用，树立"终身学习"理念，才能使英语更贴近社会生活，也才能激发学生学习英语的兴趣。

笔者建议从以下三个方面来实现终身学习。

（1）加快学历的提升。《教育部高职高专人才培养水平评估指标》中规定，"青年教师"中获得硕士学历或硕士以上学历的教师应达到专任教师总数的15%为"合格"，35%为"优秀"。根据对岳阳职院的英语教师进行的问卷调查显示，岳阳职院英语教师的研究生比例为16.6%，仅达到了"合格"水平。这一数据显示，岳阳职院英语教师的学习仅停留在入校工作时。作为语言习得者，如果教师只停留在自己学到的语言知识中，那么他们将永远落后于语言的发展。语言并不是一个人或者组织随便规定的，而是根据社会的发展进行的总结，会根据人们的使用习惯而不断更新，如曾经流行的网络用语"神马都是浮云"等。教师一旦不去留意实时的英文资料，他们的英语语言应用能力退步会很快，甚至不及学生。除此之外，高职英语教师不能只掌握单一的英语学科的知识，还要构建多元的知识结构，在巩固扎实的专业知识的同时，还要学习自然科学、社会科学前沿的最新成果和最新知识等。

（2）加强信息技术的学习。随着计算机多媒体及网络技术辅助教学的发展，"粉笔+黑板+录音机"的教学方式已经不能适应时代的要求。高职院校英语教师运用现代化教学手段开展教学是时代的呼唤。它不仅可以使枯燥的学习内容转化为有趣的、可看可听的内容，还可以大大扩展教学容量，为学生营造更为逼真的英语学习环境和语言交际环境，使教学形式多样化、教学活动丰富多彩，从而激发学生的学习兴趣和求知欲望，进而提高英语教学质量。课后利用网络技术采取网上答题、网上批改作业、网上答疑等方式，还可以解决学生英语水平层次不同、基础不一等问题。通过信息技术应用，推进现代化教学手段和方法改革，推动信息化与职业教育的深度融合。大力开发数字化专业教学资源，建立学生自主学习管理平台，提高学校管理工作的信息化水平，促进优质教学资源的共享，拓展学生学习空间。岳阳职院在提升教师和学生信息化素养方面，采用了大学城空间建设的方法，加强了学校与学校之间、学校与教师之间、教师与教师之间、教师与学生之间的联系。

（3）积极参与顶岗实习。高职英语教师专业化发展一个最显著的特征就是实践能力和技能操作能力的提升。为了使高职英语教学更加贴近岗位实际，高职英语教师要积极走进企业，担任与本专业相关的生产、建设、管理、服务第一线的职务，参与顶岗实习，在实际工作流程中了解工作岗位的性质、能力需求、工作流程等。在顶岗实习的同时给予企业英语语言方面的支持，参与企业活动，达到学校和企业双赢的效果，并努力成为"双师型"教师。同时，丰富的专业实践经历是增强课堂说服力和吸引力的有效途径。

教师与学者不同，学者不一定能成为教师，但教师首先应当是学者——专家型教师、学者型教师、研究型教师，而不仅仅是"教书匠"。除学术水平（学科知识、教育理论等）外，教师还必须突出教育的职业能力。教师只有全面发展，其专业化水平才能得到发展。当然，这些能力的实现与相关机构的引导、教师自身的不断探索是分不开的。本文从教师专业化发展的概念和内涵出发，用科学发展观的理论，尝试性地提出并探讨了当前高职英语教师专业化发展的有效途径与方法。总之，教师专业化发展已经成为我国教师教育改革的一个重要取向，成为教师教育实践的主流话语。坚持科学发展观为指导，把"以能力为本"的理念落实到高职英语教师的培养体系中，把提高教师的专业化水平作为教育的一个重要环节，这既是教育领域落实科学发展观的重要实践，又是高职英语教育的内在要求。高校要更好地培养优秀人才，就必须站在发展的战略上，把教师专业化培养作为一个持续的过程，作为一个常态的发展策略。

第三节　学习任务设计下的英语教师专业发展

从教学任务设计的角度来讨论教师专业发展的相关问题，似乎存在一定的争议，因为教学任务的设计应该是以学生为中心、突出学生的能力发展的，但我们不应该忽视的是，中国自古以来就有"教学相长"的古训。（语出《礼记·学记》："是故学然后知不足，教然后知困。知不足，然后能自反也；知困，然后能自强也。故曰：教学相长也。"）事实上，这是典型的教师专业发展的过程。因此，从传统教学观和现代外语教学的相关理论来看，对学习任务的设计，在发展学生学习能力的同时，可以推动英语教师实现自身的专业发展。

一、语言学习任务设计夯实教师专业发展的基础

通过学习任务设计，教师不断实现知识的更新，这是英语教师专业发展的基础。在学习任务设计这一活动中，教师的首要任务是将教学目标进行深度解读，在此基础上，决定教学任务的实施，并将教学任务转化为学习任务。学习任务可能来源于已有的学材，由教师改编使用，也有可能是教师围绕学习目标，自主设计学习任务。总之，在这个过程中，教师可能面临一系列的知识更新任务（即自身的学习任务），如深度解读教学目标并将其转换为学习目标、将学习目标转换为学习任务、深度理解原有的教学材料并将之与学习目标进行初步匹配、设计针对学习目标的学习任务等。知识的更新与积累

不仅指教师专业知识和专业技能（即教师的外语能力与教学能力）的更新与积累，还在于提高教师在面对一堆学材时，如何准确地判断学材的利用价值的能力，更在于教师通过对学习目标的解读与理解，根据学生群体的特征，设计契合学习目标的学习任务，在课堂上顺利实施，观察教学实施后效。

在工作的过程中，教师实现了专业知识的不断累积，专业技能得到进一步强化。

学习任务设计推动英语教师不断反思教学生活，进行教学研究，成为研究型教学者。Clark（1992）通过解读教师思维，认为教师通常是积极的而不是消极的，愿意学习而不是抵制变化，希望自己智慧有识而不是短视无知，为多元个体、独特个人。因此，在推动教师专业发展中，首先应该回答"我们做什么能使专业发展项目对专业的教师有用？"这一问题，而这一问题的答案就是"我们必须把专业发展的责任交给教师自己"，这就是所谓的"自我主导的专业发展"，这也就是学习任务设计的意义所在。如前文所述，随着多媒体教学条件的广泛利用以及学生接触各类信息的能力和条件不断优化，传统的学习任务在很多时候已经无法满足学生的学习需求，可能会阻碍学生对学习任务的认知，甚至会影响学生对教师所给的学习任务的态度。在这种情形下，教师要避免教学生活中的尴尬，就必须积极反思教学生活，通过积极介入学生的学习生活，体验学生在学习目标上的需求，掌握主动权。而学习任务设计作为英语教师介入学生学习材料的一种最为积极的方式，是教师主动反思教学生活、研究教学工作、承担自我专业发展责任的重要方式。教师根据自我对教学生活的认知，设计体现教师个体教学风格的学习任务，改变过去教学材料千篇一律的状况，构建多元化的教学世界。

二、语言学习任务设计凸显英语教师的专业情意与素养

语言学习任务设计提高英语教师的专业情意，使教师在心理上理解作为一名专业人员的专业性所在。一个学习任务的设计成功，对教师来说，是专业生活的一次体验，这种专业体验是英语教师培养自己的专业情意和专业感情的重要途径。当前，有许多英语教师对自身的工作缺乏认同，无法体验到作为专业人员的乐趣，从很大程度上来说，这是因为专业情意培养不够，或者说，教师对专业生活的体验不够，抑或是教师感受不到自身的专业性，难

以体验自己工作的专业价值，继而影响个人的专业认同。语言学习任务设计作为一项专业性较强的工作，不仅仅涉及所教学的语言，更涉及教学内容的选择与编排、教学活动的安排与组织、教学情境的设置、教学效果的观察等一系列工作，这些都是专业性非常强的工作。

教师最初可能无法完全满足学习任务设计的需要，但是在长期的实践中，教师的专业性会得到大大加强，从而稳定自己的专业地位，专业信心和专业价值认同感不断得到提升。这些是其他非专业人员无法做到的。由于大量参与专业实践而提升了自己的专业能力，教师的专业情意在学习任务设计过程中得到加强，进而从心理上认同自身的专业地位。

高职英语课程的教学内容和教学目标决定了任务型教学法能在高职院校得到大力推广。任务型教学法要求教师在教学过程中为学生设计合理明确的任务和教学形式，为学生创设良好的情境，正确引导学生通过完成特定的任务活动来掌握语言知识，使学生在掌握英语语言知识的同时，能够进行实践操作，进而提高学生的学习积极性。任务型教学在高职英语中的应用，对教师的要求相对也有所提高。首先，教师在具备扎实英语功底的同时还应具备丰富的职场经历，只有这样才能让学生在课堂上了解社会实践活动。其次，教师布置任务要紧扣课程标准，根据任务完成的进度和出现的问题及时调整"任务"，特别要把握课堂任务的"度"，给学生表现的机会，充分发挥学生的主体作用。最后，教师在课堂教学实施中，不能仅局限于书本知识，而要着眼于社会需求，以教材为源头，对语言材料进行整合，设计交际任务，使学生得以适应新的教学模式。

教学设计是教师开展教育教学活动的基础性工作和重要环节。能否上好一堂课，前期的教学设计至关重要，需要教师集中智慧，反复论证，仔细斟酌。所以，从一定意义上讲，教师教学设计的过程为教师诊断与解决教学中的问题，提高教育教学质量，起到了支撑平台的作用，凸显了在实践层面促进教师专业发展的强大力量。

第一，任务型教学是实现教师教学目标的有效手段。高职教育以培养学生的技能为主，要求学生能够在教师的指导下，发挥主观能动性，勇于创新。而任务型教学设计是教师通过给学生布置一定的学习任务，要求学生能在规定的时间里独立思考或与他人合作完成所有任务，达到每堂课的教学目的。因此，从某种程度上说，任务型教学设计对教学目标的实现具有一定的促进作用。

第二，任务型教学是提升教师职业能力的重要途径。教师职业能力是高职教师所应具备的一种基本能力，它也是对教师专业成长考核的一项参数。教师职业能力的强弱可从教书和育人两个方面来评价，教学专业水平是否高，教学设计是否独特、对学生各项能力培养的尺度是否把握准确等，这些都构成考核标准。任务型教学设计理念突破了教师职业能力的原有界限，使教师完全摆脱了传统教学方法的弊端，思路清晰，定位准确，教师综合水平得到良性发展。

第三，任务型教学是体现教师教学能力的重要指标。教师是教学的实施者，教学设计则是一种教学策略。有教学的地方必然存在教学设计。每项教学活动的开展都需要通过教学设计来完成，而教学设计的方式也直接影响教学质量。任务型教学设计要求学生以完成学习任务为目的，能积极吸纳知识，学以致用。学生能不能以最佳状态完成任务、消化知识，教师对学习任务的分配方式和内容十分重要。内容太多、难度太大只会给学生造成困惑，甚至失去主动性，因此，教师须根据学生的实际情况优化配置学习任务。从这里我们可以看出，学生学习任务的配置也是教师教学能力的一种体现形式。

第四，任务型教学是推进教师专业成长的基本模式。教师专业成长是一个长期的、全面的发展过程，也是教师各种能力共同提升的阶段。任务型教学设计作为一种特殊的教学模式，以课程标准为导向，迫使教师创新教法，凸显其教师职业能力；它的顺利实施对学生是一种考验，对教师本身也是一种挑战，要求教师必须掌握扎实的专业基础灵活多变的教学手段和较强的驾驭能力，对教师教育教学和科研都有巨大的推动作用。

第五，任务型教学是实现教师合作发展的良好平台。教育教学是每位教师体现其职业价值的基本途径，但在运用过程中却存在不少问题，如很多教师都是根据自己的理念开展教学活动，与其他教师交流较少，所以在教学方式上难有突破；而任务型教学设计看重学生的学习内容和应具备的能力，这就要求教师在布置学习任务时做到合理安排。为了达成预期目标，很多教师也要相互讨论与交流，协作完成，这对教师本身的教学方式是一种延续，更是教师之间相互学习的一种有效途径。

任务型教学是一种拥有先进的教学理念，在现代教育理论和教学实践中总结和发展起来的，适合高职英语教师培养应用型技能人才的有效教学方法。但作为语言教学任务设计的一种方法，其在高职英语教学中运用的力度还不够大，缺乏一定的研究成果做支撑，加之高职英语教师在专业发展的问题上也缺乏深入的研究，很难结合各自的特点共同提升。因此，高职英语教师应勇于改革，不断地研究学习并整合任务型教学法，使之更好地为高职英语教学服务。总的来说，任务型教学与高职英语教师专业发展之间存在必然的制约与促进关系，教学设计新颖，以任务为驱动，学生课堂参与度高，对学生积极思考问题以及高职英语教师专业发展有较大的推动作用。

教育部为了加快高等职业教育的建设和改革步伐，不断提高教育教学质量，特颁布了《关于加强高等职业高专院校师资队伍建设的意见》（教高厅〔2002〕5号），对五个方面提出了意见：高职（高专）院校师资队伍建设的目标；提高专任教师业务水平，改善师资队伍学历结构；建设一支实践能力强、教学水平高的兼职师资队伍；建设一支理论基础扎实、有较强技术应用能力的"双师型"师资队伍；进一步加强高职（高专）教师的培训工作。加强师资队伍建设是加强高职（高专）人才培养工作的关键环节。各级教育行政主管部门、学校、各专业都非常重视这项工作。

从教师教学能力和专业发展情况来看，高职英语教师在课堂教学实施、教学创造性和教学反思方面所取得的效果不够突出。另外，受学校教学条件的限制，教师缺乏的专业发展意识和社会实践，对自身专业提升状况定位不够清晰。

专业发展过程就是教师在教学实践中进行思考、学习、发展与循环往复的过程。由于英语教师在专业技能方面有较高的要求，只有通过学习任务设计来实现英语教师专业发展的基本思路。从上述调查结果可以看出，我国几所高职院校的英语教师的教学能力不够强，包括课堂教学实施、教学创新和教学反思等方面。教师专业发展意识不强，社会实践不多，专业发展状况不清晰，这种种现象都成为教师专业发展的障碍。因此，高职英语教师在专业发展方面都存在哪些需求，值得我们深思。

（一）专业发展意识需求

调查结果显示，大部分教师对个人专业发展没有太强烈的要求，加之被派进行学术交流和社会实践的机会很少，所以对自己的专业发展缺乏激情。

从年龄和职称方面来看，中青年教师的专业发展愿望比较强烈，相比之下，年龄偏大的教师对个人专业发展的自我需求并不高，特别是现在晋升职称难度加大，他们参与专业学习和研究的意愿更加低迷。

另外，鉴于专业的缘故，英语教师在开展科研活动方面缺乏优势，研究内容存在一定的局限性，大部分属于教学改革的课题研究，这在一定程度上限制了英语教师专业发展的范围。目前，高职英语教师已认识到直接影响教学效果的因素除了语言技能外，还有教育学和心理学知识，以及较强的科研能力。

（二）专业发展途径需求

高职英语教师教学负担较重，专业发展机会相对较少，繁重的教学任务和工作压力使得教师无暇顾及自身的专业发展。在提高专业发展能力方面，很多教师认为缺少进修培训的机会。青年教师无论是科研还是教学方面都常处于探索和迷茫的状态，不知如何提高自己的专业知识和教学水平。另外，学校缺乏有效的激励机制使教师专业发展的动力低下，这在很大程度上形成了专业发展的障碍。

多数教师认为教师之间进行一些学习合作和学术交流也是促进专业发展行之有效的方法。通过交流与合作，青年教师可以获得更多经验，中年教师能提高积极性，在教学过程中采用集体备课、集体准备教案的形式能大大提高教学效果，加强教师之间的交流与合作。上述调查显示，高职英语教师总体上缺乏教学反思意识，对自我专业发展的重要性认识不足，对自我专业发展的途径缺乏足够的了解。大多数教师没有养成写教学反思的习惯，对于教学中所存在的问题不能及时予以解决，以至于在教学上没有太大突破。

三、高职高专外语教学方法

当前，我国高等职业教育的发展已进入了新的历史阶段，高职高专外语教育改革在过去的30年里取得了很大的成就，社会认可度在逐步提高，但高职高专外语教育改革仍存在很多亟须解决的问题。

（一）教学模式陈旧

虽然经过30年的改革和实践，我国高职高专外语教学方法仍存在一定的问题，如教学方法单一，手段陈旧。即使在语言教学课堂上，协作学习、教学互动也有限。

主要问题表现在如下几个方面。

（1）"填鸭式"的教学方法长期占据高职高专外语课堂。教师的任务通常是讲解语法规则，解释课文，带领学生朗读单词、课文或者操练句型、批改作业；学生的任务是认真听课，记笔记，按照教师的要求完成课堂和课后作业。

（2）教师和学生在课堂上的角色错位。课堂是教师"一言堂"，教师为主体，学生为"受动"方，造成学生在外语学习中缺乏兴趣，表现不佳，基本上以通过四级或 A、B 级考试为目标，无法调动学生的积极性，激发创造性。

（3）学生缺乏课外练习英语口语的机会。在课外时间学生几乎没有练习英语口语的习惯和机会，虽然一些学校开展了英语角、英语沙龙等活动，但参加这类活动的学生少之又少，即使经常参加的少数学生，与外国人交流也仅限于一些简单的日常对话，难以深入。

（二）教学对象的基础参差不齐

高职高专院校学生整体素质参差不齐，这在一定程度上影响了教学效果。主要原因如下。

（1）学生生源复杂。我国高职院校生源主要有两种，一是普通高中毕业生，这类学生虽然经过了应对高考的培训，但是学生文化功底差，特别是英语基础很弱。二是从各类职业中专、技校通过对口升学考试就读的学生。这部分学生之前学过英语，但因重视专业技能而忽视英语学习。笔者随机抽取一个自然班进行调查，学生高考英语成绩最高 105 分，最低 14 分，及格率不到 20%。根据高职英语应用能力考试要求，80%左右的学生没达到要求。词汇量的匮乏，影响了学生的英语交际能力，限制了学生听、说、读、写各项技能的提高。

（2）自主学习能力差。许多学生缺乏学习热情，不懂自我完善学习计划，自学能力不强，又缺少解决难题的信心及渴望掌握新知识的毅力，加之受中小学时期应试教育的影响，他们难以快速适应以培养学习能力和职业能力为主的高职教学模式。

（三）教学资源明显不足

追溯我国高职院校的历史，有相当一部分院校的前身是中专、中技或其他中等职业学校，英语教学的基础设施相对滞后。例如，很多教室没有多媒体教学设备，没有进行语音教学的专业语音室，导致教学基础设施无法满足教学要求。高职院校的大部分英语教师从事了多年的中专英语教学，在短时间内还没有转换角色，难以适应高职英语教学。教材尚未形成体系，要么脱胎于原来的中专教材，要么照搬普通高校教材，要么把二者简单地拼凑，不能体现高职教育的特点。

第四节　高职英语教师专业化发展的策略

对于高职学生英语应用能力的培养，我们首先应该从教师的教学上做重大改革，通过尝试各种教学方法来激起学生的学习兴趣。同时，学生也应该加强基础知识的学习，努力增强自身学习意识。就教师专业发展而言，教师应该根据自己的实际情况，踊跃参与教育教学研究，在教学过程中寻找自身不足，进行教学反思，及时调整教学方法，做到在教学中发现问题，以科研推进教学效果，从而全面提高高职学生英语应用能力和教师专业发展水平。学校可从以下几个方面来促进高职英语教师专业发展。

教师始终不能忘记学习，应边教学边学习，这样教学方法才能适应社会人才培养的要求。学校应通过定期给教师推荐阅读书目和开展读书交流等活动，有效改进学校内部的阅读氛围，教师通过这种氛围可以感受到学习的价值取向，从而自主地学习。另外，学校可以通过让教师参加培训学习，不断向教师宣传教学新理念，多为教师提供外出学习的机会，互相学习，开阔视野。

建立以集体为单位的备课制度和以校为本的教研制度，为教师交叉教学与合作研究提供保障。所有教师都要参与备课，互相促进、共同发展。同时，还可在校内举行一些教学竞赛，激发教师参与活动的积极性，同时达到相互学习的效果。

学校应该让教师们认识到教学反思是教师自我学习、自我提高的一个有效途径，引领教师养成撰写教学反思的习惯，增强研究意识，能以研究者的眼光进行反思，并分析与解决自己在教学实践中遇到的问题，强调教师之间的专业较量、协调与合作，互相学习，共同分享经验。

在我国高职教育改革新形势下，高职英语教师专业发展仍处于滞后的状态，英语教师所涉及的其他专业知识有限。为了避免这种现象的蔓延，学校应该以教学管理实效性为基准点，加强英语教学科研团队的组建，加强教师教改科研能力的培养，正确引导英语教师向各学科教学靠近，加强英语和其他学科的教研合作，实现专业建设、课程建设和项目建设三项共同进步，从质和量两个层面发展教师的综合能力，以加快英语教师的专业发展进度。高职院校应该关注大学英语教师专业发展的方向及进程，努力做好教师专业发展的导航标和后备资源力量，抓住机遇，迎接挑战，这将对大学英语教学改革具有十分重要的现实意义。总的来说，教师的专业发展是高校教学管理中的一个重要实施项目。教师专业成长是教师学会教学、做好科研和逐渐提升自身的发展过程，也是教师将自己的所教所学形成实践经验的优化过程。如何快速促进教师的专业发展，还需要不断的总结和探究。我们要明确方向，充分结合实践进行创造性教学，提高教师信息涵养，真正有效地提高行业英语教学质量，满足职业教育的要求。

第四章　高职英语教师的职业素养提升

第一节　高职英语教师职业素养理论

本节包括当前我国高职院校英语教师职业素养构建情况分析，针对高职院校发展现状与困境，对高职院校的界定，介绍我国高职院校的发展历程与现状，然后是高职院校在英语教师职业素养构建过程中遇到的问题。

一、高职英语教师职业素养研究的理论基础

（一）教师社会化理论

在教师社会化理论方面，最早提出相关概念和建立体系的是德国的希曼教授，在初始阶段是在社会学科中进行使用研究，是某个个体在社会生活中处于一定的环境之下，进行社会生活必须掌握一定的技能、规范等，通过上述技能使得个体可以在社会生活中立足，实现自我价值，使得个体不仅仅是生物的个体，还是社会的个体。

对于教师这个个体或群体来说也是如此，他们是不断从事社会生产活动的个体，需要在社会生活中掌握一定的技能，获取一定的社会资源，才能成为社会的人，从事一定的职业生产活动，通过职业活动或生产取得社会化的资格。对于社会生活中的个体来说，需要遵循一定的社会规范，并且在社会规范环境下，通过学习掌握职业技能，获取合格的职业从业能力，成为可以胜任岗位需要的职业人才，完成社会化过程，在这个过程中需要取得一定的职业技能和职业能力，形成正确的职业价值观等。对于教师来说，在社会生活中，其职业具有一定的特殊性，首先其具有职业性的属性；其次教师的职业性随着社会的变化发生一定的改变，在社会生活中扮演不同的角色，对于教师的职业素养职业要求逐渐增多，作为社会化成员之一，需要适应社会化

角色，需要完成个体的社会化发展，树立良好的职业观念，成为真正职业的人。

教师处于社会生活中，不仅仅是自然人，还是社会化的人，是通过一定的角色扮演，成为社会化人，实现社会化人的价值，这主要是通过教师自身的特殊职业性来实现的，教师需要为人师表，在课堂上和生活中，对教育对象产生有形或无形的影响。

（二）教师专业化理念

现代社会教师的角色具有一定的特殊性，教师主要从事的是脑力劳动，在现代社会分工中主要任务是培养优秀的人才，通过专业的技能来实现对教育对象的培养，因此，教师是一个职业，需要达到专业化和职业化，才能满足社会对教师的不断需求，才能通过专业化促进教师职业素养的提高。目前，我国的教师由于种种原因，专业化水平还不是很高，需要进一步提升。

教师的专业化，主要包括两个层面的含义，首先，教师的专业化是在社会化分工中，教师具有一定的社会专业地位和角色，教师的角色需要教师进一步提高自身能力和水平，才能适应社会对教师的要求，才能更好地完成教师的任务。其次，教师的专业化是按照教学工作的要求，教学是一项相对繁杂的任务，需要一定技能和知识才能达到，因此，需要教师的专业化，才能更好地推动教学工作，才能不断地提升教学水平。

（三）自我实现理论

马斯洛的需求层次理论，包括生理需求、安全需求、归属需求、尊重需求以及自我实现的需求。随着需求的不断上升，满足难度日益增大。因此，从这个角度来说，自我实现的需求是比较难满足的。

即便是比较难满足，对于个体来说，也需要不断去追求自我实现，对于教师来说，也是如此，需要在尊重以及期望别人肯定的情况下，不断追求更高层次的需求，渴望得到其他人的尊重，进入更高层次要求的体验，这就是自我实现的需要。

二、高职院校英语教师职业素养构成要素

高职院校英语教师职业素养培养与高职院校的发展息息相关，我国的高职院校经过多年发展已经成为我国教育事业的重要部分，在人才培养特别是

在技能型人才培养上发挥着重要作用，可以说为我国各项事业的发展贡献了重大力量，有力地解决了经济社会发展中的应用型人才需求问题。在高职院校的发展中，特别是在人才培养方面，教师发挥着重要作用，高职院校最重要的部分是教师，尤其是一线的专任教师。对于教师的培养直接关系到高职院校人才培养的质量和方向，因此，从这个角度来说，高职院校在发展过程中首先需要解决教师队伍建设问题。

高职院校的一线教师最核心的工作是培养专业的技能型人才，培养学生的专业技能和应用知识能力，因此，需要加强对专任教师的素质培养，特别是教师的职业素养的培养，需要不断探索有效的途径来对教师的职业素养进行提升，使得教师可以满足人才培养的需要，实现对学生在专业知识、职业技能上有很好的教学，完成对学生应用知识能力的素质培养，达到培养学生职业素质和技能素质的双重目标。

目前，我国推行高等教育大众化的政策，高职院校不断扩招，这使得高职院校在生源上不能得到保证，在质量上出现一定的下降，学生的来源构成比较复杂，不同英语基础的学生处于同样的教学环境中，需要英语专业教师根据学生特点在教学方式、教学手段、教学模式上做出相应改变，逐渐来适应目前情况，需要在日常教学中开展多层次教学活动，对不同学生培养目标分层次实现。

与此同时，随着我国与国外经贸活动交流越来越频繁，需要大量的英语专业人才，特别是英语技能型人才，来满足企业对人才的需求，不同的专业技术人员也需要掌握英语，使用专业英语与国外同行交流，对于学生的英语技能、职业素养的要求越来越高，因此，英语专业教师通过教学使得学生能够掌握英语并且熟练运用外语进行交流，达到沟通的目的。

除此之外，我国在"走出去"的过程中无疑需要大量的能够掌握外语的人才，特别是可以用英语与国外的人员进行沟通交流，使得社会对人才的需求得到较好的满足，需要大量掌握英语技能的高素质人才。对于人才的培养，高职院校的英语专任教师无疑是主力，是重要力量，直接担负着英语人才培养的任务。同时也对教师的职业素质提出新的要求，需要通过加强英语教师的专业素质来提高整个英语教师队伍素质。

培养合格的英语专业技能人才是高职院校英语教师的重要使命，在培养的过程中需要加强教师自身的素质打造，通过不同的途径来提升教师的职业素质，使得教师可以在一个高素质的环境下实现人才培养目标。英语专任教师职业素养的培养主要包括职业道德、教学能力、研究能力、身心健康等。

下面详细介绍高职院校英语教师的职业素养体系。

（一）高尚的职业道德

对于高职院校的教师来说，第一任务是培养高素质的技能型人才，在对人才的培养中，首先需要有高尚的职业道德。职业道德直接关系到人才培养目标的实现，我国对教师的职业道德有很高的要求，从上到下，不同层次的教师队伍都要求有高尚的职业道德，如果职业道德不好，那么任何教学活动都无从谈起。

国家对教师的职业道德是有一定要求的，在党的十八届六中全会中就对教师的职业道德做了明确的规定，教师首先是教书育人，是具有高尚道德的行为人。

不仅如此，在法律层面，我国《高等学校教师职业道德规范》中也对教师的职业道德做了明确的规定，要求从不同的方面去规定教师的职业道德，对于高职院校英语专业任课老师来说也是如此，需要在不同层面加强教师的职业道德水平，在爱国守法、敬业爱生、教书育人、严谨治学、服务社会、为人师表等各个层面成为典范，达到教师的基本的职业道德标准。

对于高职院校的管理者来说，在日常教学活动管理中，需要对教师的职业道德进行详细的规范和约束，通过各种形式来提高教师的职业道德水准，使得教师在人才培养过程中严格遵循良好的职业道德，注意日常行为举止，加强自身修养，通过教师高尚职业道德引领整个社会的文明素质提升。

（二）扎实、丰富的学科专业知识

对于高职院校英语专业教师来说，培养人才特别是高素质人才需要英语专业教师具备比较扎实的学科知识和能力，主要涵盖学科中的听、说、读、写、译等专业知识，只有具备扎实的学科知识才能在实际教学中提高学生的技能，传授给学生有效的知识，让学生在教学活动中获得知识和文化，成为具有技能的人才，为社会服务①。

高职院校英语专业教师不仅要具备学科的专业知识和能力，还需要有一

---

① 王文荣. 论高职高专院校专业英语教师的素质结构 ［J］. 中国校外教育，2009（S2）：200.

定的教育理论和心理理论，通过科学的教学理论来指导日常学科知识的教学，并且通过现代化教育技术手段来辅助上述过程，使得学生在比较轻松的环境下提高专业技能和职业素质①。

（三）较强的教育教学能力

高职院校英语专业教师需要具备较强的教育教学能力，能够运用现代教育方法来实施教学活动，包括课程设计、单元设计、项目设计等，通过对教育教学能力的培养，不断探索新的教学方法和手段，总结教学活动中的规律，实现教学育人的目标②。

对于高职院校英语专业教师来说，在职业教师素养中首先需要具有先进的教学理念，丰富的教学实践，并且将其转化为教学活动的基础，通过教学活动达成教学目标，从而培养高素质的技能型人才。

（四）良好的团队精神和教研能力

高职院校英语专业教学不是一个人的教学，是需要在教学团队中实现教学活动的开展，需要充分利用集体力量来提高自身素质，包括职业素养，因此，需要在高职院校英语专业教师中提升其团队精神和教研能力，不断加强其精神的体现，实现职业素养培养③。

除此之外，还需要加强教师的教研能力建设，高职院校英语专业教师需要在教研中提升教学实施的能力，提高人才培养的能力，对先进教学手段的把握，对项目设计的开发能力。高职院校英语专业教师需要总结日常教学活动中遇到的问题，分析问题，并且尝试在团队的支持下解决问题。

（五）强烈的开拓创新精神

高职院校英语专业教师需要有强烈的进取精神，在日常教学中，需要有教书育人的活力，在教学手段、教学方法上不断改进和创新，汲取先进教学理念，对最新发展趋势有所了解和把握，将最先进的职业教育理念融入人才培养中，实现高素质技能人才培养目标④。

---

① 王伟麟. 职业院校教师专业化发展探讨［J］. 职教通讯，2007（8）：63-64.
② 杨高全. 论教师的专业素质结构［J］. 黑龙江教育学院学报. 2007（3）：53-55.
③ 樊艳君. 职业教育教师专业素养的现代化建构［J］. 当代教育论坛（宏观教育研究），2007（2）：90-91.
④ 谌启标. 美国职业教育新任教师的专业发展计划［J］. 职教通讯，2006（1）：57-59.

（六）自主发展的意志和毅力

对于任何一名教师来说，在职业素养的发展中都需要发挥自身的力量，需要有不断进取的精神，无论是专业发展还是素质提高都要有规划，或者说是教师的职业生涯规划。通过对教师的职业素质进行规划，有针对性地、有步骤地去实施，不断提升自己的能力，达到高职院校英语专业教师的要求，承担对高素质技能人才的培养任务[1]。

（七）健康的心理和身体素质

对于高职院校英语专业教师来说，不仅需要具备良好的教学能力，能够完成日常的教学，还要按照先进职业教育理念实施教学活动[2]。高职院校英语专业教师需要有健康心理和良好的身体素质，只有这样上述过程或活动才能有效地实施，达成预期目标，才能在生活和工作中对学生产生正面影响[3]。

第二节　提升高职英语教师职业素养的对策建议

一、政府层面

加强高职院校教师队伍建设，提高英语教师的职业素养，应确立、强化政府的主导地位。

（一）在法律保障体系方面

提高高职院校英语教师的职业素养，是高职院校师资队伍建设的组成部分；是各级政府主管部门和办学单位面临的共同任务。

在立法保障上，20 世纪 90 年代，我国制定了《中华人民共和国职业教育法》，通过立法的方式从法律上进行保证，使得职业教育确立其相应的地位。此外，1999 年，我国制定相关政策，我国高职教育进入了新的发展阶段。

---

① 李慧敏. 论高职英语口语教学中存在的问题及改进策略［J］. 海外英语，2013（18）：37-39.
② 刘小平. 基于个体差异的高职英语教学研究［J］. 教育教学论坛，2013（41）：195-196.
③ 蒋玉梅. 大学英语教师的职业发展现状及影响因素分析［J］. 中国外语，2012，9（4）：17-24.

然而在如何加强高职院校师资队伍建设提高教师（含英语教师）的职业素养方面，政府主导地位的确立和强化方面还有不足。应在法律、政策、规划、经费投入、制度和宏观管理等方面，形成科学体系，并切实加强。

高职院校英语教师职业素养的培养、提高，是整个高职院校教师队伍建设的组成部分。要有效地提高高职院校英语教师队伍建设效果，有必要提升到教育法律的层面上。

有了法律就能对部门和人的行为加以引导；能对单位或个人的行为加以判断和衡量；能对单位或个人加以教育；能对单位或个人加以预计；能通过制裁手段强制单位或个人遵守法律。近年来，我国制定、颁布了多部教育法律法规，对加强高职院校教师的职业素养起到了十分积极的作用，但范围较窄，法制力度不大，因此，还需制定和健全相关法律法规，从而使提高高职院校英语教师职业素养的工作有法可依。

（二）在政策引导方面

在政策引导方面，我国教育行政部门和高职院校在加强师资队伍建设方面，还是依据上级政府和教育主管部门制定、颁布的政策。如果上级政府和教育主管部门没有相关的政策，下级政府、主管部门和院校难以执行，甚至不办。这方面的现象是较为普遍的。所以，政府部门要制定、颁布科学的、切实的相关政策，引导高职院校做好教师队伍建设，提高广大教师的职业素养。

在高职院校中，教师的流动较多，数据显示在公办院校中，教师的人员流动比例为20%，高职院校人员流动率达到40%，是民办院校的2倍，这是现实待遇所导致的，因此，对于职业院校来说，在进行英语教师职业素养有效培养的开始阶段，其可能追求价格优势，通过相对比较经济的价格获取低端的产品或服务，在发展的开始阶段，其是适合的。但在高职院校中，需要通过英语教师职业素养有效培养来改变人员流动的动向，首先是人员流动的频次，在经费投入上需要不断提高教师的待遇，在各个方面加大其支持力度，通过制定相关的政策使其可以得到实践机会，加强其能力的提升。

在实际运作中，政策引导有助于职业院校人员有效流动，通过其现状做规划和分析，在真正实施前，实现全面的调查研究，打破旧有的制度和格局，推动职业院校的优秀人才在内部得到有效循环，保证在较低的成本下实现人才的有效流动。

当前的重点是培养培训工作大政方针的制定实施，需要注重政策的前瞻性、科学性、系统性和可行性，摒弃随意性，导致基层和教师无所适从。

(三) 在经费保障体系方面

在经费方面，经费是做好高职院校教师队伍建设的有力支持和保障条件。近年来，上级教育主管部门虽然在经费上有了一定的支持，但远远不能满足实际需求。实行"收支两条线"以来，有些院校尤其是招生人数没有增加的院校，收费少了，教师继续教育经费也少了；当前高职院校的工资并不高，要"自费"参加"脱产进修"或参加费用较多的培训活动，实在是"心有余而钱不足"。有些地方除了上级教育主管部门提供大部分外，院校根据实际情况适当分担一部分，同时，依照谁受益谁承担的原则，受益教师分担一部分经费也理所当然。当地政府有责任给予保障。

目前，高职院校的发展面临很多挑战和问题，其中的困境之一就是财政资金处于相对缺乏状态，其生存发展主要依靠自身的资源和市场竞争。2002年，我国颁布了《中华人民共和国教育促进法》，但是在实际运行中，对于公共资源的分配，职业院校所能获取的扶持是有限的，无法与本科院校进行比较，这种差异性体现在很多方面，对于政府来说，其教育理念还停留在旧有观念上，对于高职院校的办学风险缺乏充分的估计，使得高职院校风险成本急剧增加，从而在一定程度上影响高职院校的招生质量，甚至对教师的教学质量也会产生很大影响。

对于职业院校来说，发展资金是重要的办学条件，离开了发展资金，学校的发展就无从谈起，无法很好地提高教学质量，不能很好地完成对教学设备的改造维护等。因此，对于高职院校来说，目前的状况是在财政资金扶持上无法得到有效的响应，仅仅依靠自身的资金，也就是自有资金，而自有资金其来源是比较单一的，主要是通过对学生的学费收入，这种现状就导致职业院校在发展中面临很大的资金缺口，无法在教学、招生等上取得更好的突破，甚至会陷入恶性循环。

对于高职院校来说，由于发展资金需要大笔的专项经费，如果这个方面受到很大限制，在发展空间上就受到诸多限制，无法与公办职业院校相比较，只能在现有条件下利用自有资金去运维，在土地、教学仪器等固定资产上无法更好地改善，如高职院校在成立的时候，需要花费大量资金在固定资产上，发展资金就无法到位，资金处于相对短缺状况下，在前期的发展中其大部分精力都在土地等租赁上，新教学楼一直到十几年之后才建成。

因此，从这个角度来说，高职院校在财政资金的扶持上无法得到有效响应，发展面临很大困境，在发展风险上面临很大的成本压力。政府必须切实加强宏观管理，加大督促检查的力度，以查促改，以查促进。

此外，在产研结合、校企协作方面，政府的主导地位不能削弱。从目前情况来看，大部分高职院校在产研集合、校企协作方面还处于被动一方。实践告诉我们，如果只是高职院校与对方联系、协调工作，入门难，进展慢，效果很不理想。如果由当地政府或主管部门出面，联系和协调工作显得顺利许多。2年前，有一所院校依照上级要求，决定选派2名英语教师到一中外合资企业跟班学习，多次主动上门联系，均被拒之门外。后由当地政府出面协调，在很短时间内就得到解决。

二、学校层面

目前很多高职院校在发展过程中对自身定位不准，对教育办学定位也不明确，使得其缺乏鲜明和特色，对于教师职业素养的形成不能从学校层面进行支持。职业院校的办学定位需要体现在人才培养方面，培养什么样的人才，如何体现职业院校的特色，如何打造职业院校内涵，如何完成办学目标等，需要各个高职院校进行研究解决。对于高职院校来说，其办学定位需要非常明确，需要弱化理论知识，需要对学生的专业技能、动手能力进行有效培养，通过培养出高素质的人才，从而获取社会的认可，以及企业对高职院校的认可，不断提升高职院校的知名度和美誉度。因此，在办学定位上需要明确，高职院校需要培养技能型人才，学生在高职院校学习之后可以获得良好的专业技能和动手能力，满足企业的需求。在办学特色上，高职院校需要明确不能与本科学校同等，需要进行特色建设，也不能与其他院校同样专业，需要体现职业院校自己的特色。最后在办学模式上，需要紧跟市场，与行业建立联结，实现职业院校的办学模式。提高高职院校的教育质量，高职院校负有主体责任。提高高职院校英语教师的职业素养，高职院校同样负有主体责任，党委书记和院长是第一责任人。

长期以来，部分院校英语教师的职业素养难以提高，或者说是没有提高，原因虽是多方面的，但主体责任不明确，不落实就是其中一个重要原因。其主要表现在"等、靠、蒙、要"等几个方面。"等"，就是等上级的文件、指示，上级没有文件、指示，工作就少做或不做。"靠"，就是靠上级的支持。如果上级没有人力、物力和财力的支持，工作就少做或不做。"蒙"，就是蒙骗、蒙混。个别院校工作做得不扎实，只会做表面文章、数字游戏。"要"，就是要经费。上级没拨经费，或者教师不出部分经费，工作（主要是培训和进修）就少做或不做。

笔者认为，这种现象的效果是极坏的，必须彻底排除。落实高职院校主体责任，主要应落实如下责任：

首先，要充分认识提高高职院校英语教师职业素养的重要性和紧迫性。教师是学校发展的根本，加强和提高学校的教学质量关键在于教师，需要建立合理结构的教师队伍，加强师资建设，提高职业素养，使得教师队伍成为学校质量保证的主力军。因此，对于教师职业素养的建设需要各个层面的关联方进行重点关注，也是办学单位、高职院校的责任所在。院校领导，要充分认识、明确责任、履行责任。有些院校认为"教师是国家的，工作才是我们的"，这种认识和行为是错误的。

其次，要深刻理解、领会国家高职教育的改革发展趋势，制定教师队伍建设规划。

最后，要结合实际，突出重点，攻破难点，狠抓落实。学校加强调研，在经费保证上需要突出，在经费供给上根据学校特点整体考虑，保证教师职业素养能够落实到位。

由中等师范学校（中等专业学校）转型升级，办学历史不长，又处于经济欠发达地区的高职院校，更需要从大局着眼，从实际出发，采取切实可行的措施，在"落实"和"构建"上下功夫，只有这样，才能达到预期目的。

（一）抓好英语教师的师德教育

首先要坚持不懈地抓好英语教师的师德教育，落实《中华人民共和国教师法》和《高等学校教师职业道德规范》，提高高职院校英语教师的师德素养。对于教师来说，职业道德是首要的，对于英语专业教师也是如此，需要对英语专业教师的师德师风进行重点培养和加强，使得整个教师队伍能够重视师德，保证教师队伍具有良好的道德素质，成为教师的典范。对于出现的师德师风的典型需要进行宣传，对于不符合要求的教师进行批评和警示，保证整个教师队伍都具有良好的师德师风，树立健康的教师形象。

其次要改进和完善师德考核。院校要制定教师考核评价体系，把师德纳入评价体系，通过绩效考核的杠杆使得教师更加重视教师职业道德的培养，在日常开展教学活动中将严格按照标准执行，对于部分师德表现比较好的优秀教师代表可以在多个方面进行表彰，使得教师在师德中不会出现问题。对于师德不好的人员，需要及时提醒并且严肃处理。

（二）努力提高教师教育理论和水平

对于英语专业教师来说，需要不断提高教师的专业水平、职业技能，不断适应新时代的要求，使得教学能够适应新变化，适应新时代学生的特点，保证教学改革不断推进，在这个过程中教师的理论水平和能力得到促进，教学方法得到改进，教学观念得到更新，教学效果得到提高。

在实现上述过程中，需要适应新形势的需要，更新和学习最新的教育教学理论，直面问题，制订计划，不断提高教师的教学理论，只有具备良好的理论才能更好地解决问题，从而形成教学体系，完成教学任务，达到良好的教学效果。

（三）搭建教师合作学习的新平台

英语教师职业素养有效培养的教学模式和方式需要对现有教学模式进行改革，构建慕课高职院校专业英语教师合作学习新平台。通过先进的教育技术，教师能够在专业的学习平台进行交流，按照现代职业教育的理念进行在线教学、在线辅导、在线交流，实现教学效果的有效提升，能够很好地完成英语相关课程的教学。与此同时，教师可以实现平台资源的共享，在资源建设完成之后，能够进行在线互动，实现各类职业素养的培养，保证教学效果，不断地应用于各类教学实践中，实现大规模的学习。

高职院校深化专业课程改革，积极推进精品资源共享课程建设，将重点专业的基础课与技能课程纳入精品资源共享课程的建设范围，目前已有多门校级资源共享精品课程。

通过上述共享资源课程创新方式，高职院校在深化专业课程改革，改变传统教学模式上有新的创新模式，学习方法更有效，也颇受学生欢迎。在竞争日益激烈的高职院校中可以在办学模式上有较大差异，一方面可以有效地提高教学质量，另一方面采取大规模在线课的方式降低运营成本，探索教育教学形式的多样化。

高职院校不仅仅是建立属于自己的学习步调，还会让学生进行反馈，及时掌握学生反馈学习内容，从而有效掌握学生学习情况，在这个基础上进行个性化的辅导和帮助。在高职院校的学习平台中，有学习进度表，在这个进度表中可以对学员的学习情况进行进度标识，如果完成了知识（Ready）、测试（Quiz）等部分和程序，就会在课程上面显示绿色，这表明已经完成这个学习过程，可以进入下一个环节的学习。如果标识的颜色是黄色，那么还需要对部分的知识点进行学习，如果标识的颜色是红色，说明目前的学习情况不是很好，需要加强学习，或者重新学习，系统将会对学习者目前的学习状态和进度做显示和处理，只有学习者的学习进度状态变为绿色，其表示可以进入下一阶段的学习，可以继续往下个目标进发。上述的过程，实际上是系统做出的，是学习平台根据学员的学习状态给出的信息，可以对目前的学习情况做全面的了解，对学习中可能遇到的困难进行及时的反馈。

此外，在完成上述的知识（Ready）学习之后可以进行课程测试，通过了课程测试就可以进行下一课程的学习，这样逐步的方式，可以有效地提升学习者的学习信息。

高职院校虽然采取的是线上学习，在学习过程中也充分考虑到学员之间的同伴学习和学习交流的重要性，为了满足上述需求，在高职院校学习平台中建立社区，使得学员之间可以相互交流，在课程学习中的重要位置放置讨论区链接，学生根据学习进度和需要在讨论区进行问题讨论，答疑解惑。通过上述方式可以很好地实现同伴学习，以及同伴之间的相互支持，使得学习变得更加有趣。在解答疑难问题时，可以设置答案，也可以让同伴进行解答，提问者对解答的情况打分，对其中的回答因素进行评比，实现对问题的评价过程。

与此同时，在教学模式上也进行很多创新，自定步调的、以能力为导向、以掌握为最终目标的考核等教学模式是目前很多高校需要学习和借鉴的，对高职院校来说更是如此，对课程设置需要吸引学生的注意力，使得学生愿意报读；在教学模式上，可以采取更多灵活的考核方式，对其中的考核可以通过线上的方式来完成，实现对考试的有效及时的反馈。

对于国内的高职院校来说，需要对学生的学习情况进行及时反馈，包括多种形式的反馈和评价，让学员在这个过程中实现自适应学习，并且对学习的效果进行考核，对学习的问题进行线上跟踪和解决。

（四）构建在职培训新模式

针对英语专业教师在学校期间缺乏培训的问题，学校层面需要进行机制建设，构建良好的在职培训新模式，不断提高英语专业教师的职业素养和能力。对于英语教师来说，可以通过培训，实现自我价值，有利于提高其自身的教学能力和教学效果。在进行在职培训的模式上，需要不断构建新的模式，形成良好的有效的方式，具体包括如下几个方面。

（1）系列专题培训。对于英语教师在实际教学中出现的问题，可以通过邀请专家进行专题培训，通过举办讲座、论坛的方式，来加强英语专业教师在发展中需要解决的疑难地方，在举办活动的时候，可以根据实际情况进行有效的讲解，可以实现系列的讲座专题，使得培训更具针对性，达到预期目标。英语专业教师在实际教学中，对于某些教授的内容，需要补充一些专业知识的时候，可以采取培训专题的方式去系统地了解这方面的知识和内容，达到良好的专业学习的效果。

（2）合作反思。学校培训可以形式多样，其中合作反思对于英语专业教师来说是重要内容，通过良好的教学实践的反思，能够对教学中可能遇到的问题以及需要解决的问题不断反思，实现教学实践的有效提高。反思能够很好地将相关方面结合起来，能够帮助教师将理论与实践教学结合起来，有利于教师对自己教学情况进行总结，之前的总结仅仅是在经验层面上，没有更为深入地了解，不经过有效反思的话，就不能形成自己的能力，不能很好地提高教学实践水平。在反思中，不仅仅是个体的反思，实际上更为有效的是合作的反思，将个人的反思与集体的反思结合起来，更加有效果，更加有深度，更加能解决个体的问题。学校可以组织相关的培训，将部分教师组织起来进行合作反思，能够将日常教学中遇到的典型问题和现象进行分析，使得反思达到真正的效果。

（3）校本课题研究。对于提升教师职业素养的方式，不仅仅是在岗培训，也可以不断创新形式，其中校本课题研究就是重要的形式。通过对自身学校的研究，可以有效地了解学校情况，针对在日常教学中遇到的问题开展专题调查研究，取得有针对性的效果，使得校本研究更加贴切实际，更能锻炼教师，带来有价值的研究成果，在研究完成之后，可以开展专题的研究展示和交流，使得教师的职业素养得到有效的提升。

（4）课堂教学观摩。对于英语专业教师来说，在学校期间可以通过有效地组织教学实践活动，如课堂的教学观摩来达到学习先进教学效果的目的，这样可以实现对良好教学效果的学习实践，很好地完成教学任务，锻炼教师的教学技能，提高其水平。实际上，开展课堂教学观摩是常规的教学培训内容，相互观摩可以很好地了解优秀的教学手段方法，促进教学，提高教师的教学能力和教学质量。

三、教师层面

自 20 世纪 80 年代开始，教师的自主发展成为国际上教师教育的一种范式。这里所讲的教师自主发展"是教师个体自觉主动地追求作为教师职业人的人生意义与价值的自我超越方式"。

高职院校英语教师职业素养提高，其推动机制需要"他主"和"自主"的良性互动，但从教师的成长和发展规律方面看，教师的自主发展仍占主体地位。

高职院校英语教师坚持走自主发展的道路，不断完善自我，这是提高自身职业素养的一条重要而有效的途径。

（一）为自己的职业准确定位

教师要为自己的职业准确定位。

《高职高专教育英语课程教学基本要求》明确指出教师需要有良好的职业规划，对自己的个人发展需要有充分的认识，通过多种手段来促进教学目标实现，可见，英语教师职业发展对教师个人发展和高职英语教育教学改革和发展有重大影响。许多高职院校英语教师都把自己的职业定位为"教书育人"，笔者同意这一观点：当一名既教书又育人的光荣人民教师！"教书育人"是高职院校英语教师的天职，也是高职院校英语教师的基本使命和职责。

"打铁还得本身硬。"英语教师给自己的职业定位在"既教书又育人的光荣的人民教师"，就要增强自主发展意识。职业道德意识和专业意识的增强是实现自主发展的前提。教师的职业素养涉及的方面比较多，需要加强合作，在团队中进行合作与研究才能更好提高职业素养，才能更加完善自身。对于英语专业教师来说，对于遇到的问题需要在教师团队中进行交流和沟通，一起交流和探讨，建立合作机制，共同分享收获和经验，使得合作关系更加紧密，教师的专业技能得到有效的提升，这对教师的专业发展具有重要的意义和价值。对于英语专业教师来说，需要与其他教师进行积极的交流，不断探讨教学技能，改进教学方法，进行信息资源的交换，使得英语专业教师的职业能力有较大提升，从而有助于提高英语专业教师的专业能力。

（二）增强职业道德行为

教师要育人，必须先学会做人。这里所说的"做人"，是指具有高尚职业道德行为。

习近平总书记历来高度重视教师队伍建设。对于教师职业来说，不仅仅是自身的职业素养对教学有影响，同时对学生产生直接影响，需要通过教师的职业素养来引导学生、激励学生，从而实现完善学生的目标。因此，从这个角度来说，教师需要不断提升自身修养，不断完善自己，成为合格的教师，无论是专业技能还是道德情操，都需要成为典范，成为学生学习的榜样。教师需要不断增强自身的职业道德行为和在岗位上奉献自身的能力，积极引导学生，打造具有活力的课堂，共同完成教学任务，实现课程目标。

2013年9月9日，在教师节来临之际，习近平总书记看望了北京师范大学的教师学生，他在与师生座谈时强调国家历来都重视教育，对国家来说，教师队伍是宝贵的财富，只有具有良好师德的教师才是一名优秀的教师。作为一名教师首先需要在做人上下功夫，需要学会做人。良好的师德是一名教师的基本品质，通过良好的师德将教师的知识文化传授给学生，解决学生的疑难问题，传授文化知识是教师重要的使命，但是这个过程需要有良好的师德做保证。因此，习近平总书记特别强调教师作为神圣的职业，教师要育人，必须学会做人。重温习总书记的重要讲话，我们受益无穷。

高职院校英语教师要牢记习总书记的教导，在育人上狠下功夫。对于英语专业教师来说，需要有良好的职业素养和在岗位上奉献自己的能力，热爱教师这个职业，积极传授教学内容，不仅教会学生专业技能，还需要形成良好的职业道德，具有会做人的品质。

（三）提高自己的教学能力

教师要提高自己的教学能力，给学生"一潭水"。习近平总书记提出，做一名好教师，要有扎实的学识。扎实的、过硬的教学能力，是高职院校英语教师的基本职业素养。高等职业教育以就业为导向的人才培养规格是构建以能力培养为主线，设计学生的知识、能力、素质培养结构；以应用为主旨，建立专业课程和实践教学体系；以实践教学与理论教学并重的方式，培养学生的专业基础知识和职业（岗位）核心能力。高职英语教师需要将专业教学、实践教学、文体活动、素质教育和社会实践有机结合，确定培养高素质高技能人才培养模式。但是目前在职业素养的供给上还不够丰富，仅仅是提供教育专业、课程等产品，特别是在证书上，仅仅为学生提供专业毕业证书。职业资格证书和技能等级证书是依据行业标准对岗位知识和技术能力的一种评价和认可，是就业准入的许可证。高职英语教师需要以任务和项目为载体，在仿真的或真实的工作单位语境下，将职业资格证书和技能等级证书融入课程体系中，并纳入学分管理，扩大学生的求职门路，增强就业竞争实力，使以就业为导向的人才培养模式真正落到职业需要的实处。基于这种教学理念，作为高职院校英语教师职业素养的重要组成部分——教学能力，教师不仅应具备扎实的教学理论，还必须具备较高的实践教学能力。就高职英语教师的教学能力而言，其实践教学能力的实施和拓展尤显重要。

在岗英语教师积极开展项目使学生参与创业创新能力训练，并积极引进企业第三方人才评价机制，改革课程考核模式，完善人才质量培养建设。校企进一步深化合作，进行校企协同育人平台建设，建设"校中企"项目。在校企协同育人和产教融合方面建设成果，同时在校外和校内建立大学生创业训练基地，较好地驱动高职院校在岗英语教师发展和建设。在岗英语教师认真理解实践教学的基础理论，通过理论可以帮助英语教师加深对实践教学的认识，增强组织实践教学的意识，增添实践教学的信心。英语教师要在实践教学上取得成绩，就必须拓展自身实践教学能力。提高实践教学能力，英语教师自主发展也很重要。近年来，笔者付出一定的努力并且取得了预期效果，主要从以下几个方面来学习、实践。

一是认真学习一些同行的经验，尤其是在权威报刊上发表的这方面的论文、经验介绍。

二是在现有教材中寻找能用实践手段来完成的素材，采用"短、平、快"的方法，教给学生方法，让学生在实践中完成学习任务。

三是突出课堂的实践性。在课堂教学中，笔者大胆地改革传统的"教师讲，学生记"的"精读式"教学，更加强调语言的实践活动，引导学生进行更多、更真实的听说训练和写作训练。笔者一般采用"视听、精听、试听相结合"以及"多说多练"的方法，以"视—听—说—记"为课堂教学模式来组织任务型的语言交际。这样，学生学得进，学得快，记得牢。

四是体现实践课程的职业性。基于此，英语课程的课堂教学都应凸显实践性和职业性，绝不能忘记指向岗位能力的"工学结合、能力本位"的职教理念。

五是要发挥主观能动作用，创设实践教学环境。实践教学离不开环境，英语教师需要增强英语教学的实践性，提高自身的实践教学能力。教师要充分利用校内的教学设备设施，如语言活动中心、岗位化实践教学平台、多媒体网络教室等，开展形式多样的实践教学活动。充分利用校内的教学设备设施，教师要多动脑子，创设情境，使情境为实践教学服务。

六是积极组织第二课堂活动。高职院校英语专业的学生，被认为是最辛苦的，"课本不离手，睡觉才闭口"。英语教师不仅自己要改变这种现状，还要帮助学生摆脱这种现象，要把实践教学延伸到课外。第二课堂（又称为课外活动）是实践教学环境的延伸。英语教学不能只限于课堂教学，教师要营造良好的校园英语文化环境。

近年来，学院团委、学生会、社会组织密切配合，开展了丰富多彩的第二课堂活动，如朗诵会、演讲比赛、英语话剧表演和英语角活动等，不仅活跃了校园的文化生活，而且使这些活动成为英语的实践教学活动之一，提高了学生的学习积极性，有效地促进学生的语言实践能力的发展。实践教学能力的提高，校外是另一片天地，英语教师在这一片天地里是大有可为的。教师除完成学校与企业或单位合作的实践学习、锻炼和教学任务外，还应根据自己制订的发展计划，择定一些相应的企业和单位作为联系点，教师自己抽时间，到对方单位开展学习、锻炼。就英语专业而言，能到外贸机关单位或中外合资企业中，不是件容易的事。

简言之，高职院校的英语教师要以"双师型"教师为发展方向，以"高职名师"为奋斗目标。

（四）加强研究，增强"双师型"能力

对于英语专业教师来说，需要加强自身的能力建设，其中重要的是进行"双师型"建设，努力培养自己职业教育中的"双师型"素养。职业教育院校教师不仅仅要具备教育理论，还需要掌握专业职业技能，使得可以按照科学的教学理论方法进行讲授，培养良好的可以适应社会需求的人才，成为社会所需要的人才。对于英语专业教师来说，需要不断提升自身的能力，积极开展课堂外的学习，做好教学，积极研究，成为教育教学的能手，这样可以将培训研究的成果来作用于教学，有效地提高教学质量，提高人才培养的素质能力。

笔者在英语教学上，受到同行和学生的欢迎，教学质量不错，自己专业也有很快的成长，这与长期以来主动积极且带有目的性地参加教研活动密切相关。教师要发挥创新精神，勇于开拓进取，自主发展要有创新精神。为了实现培养高素质技术人才的目标，教育教学必须实施教学创新，高职院校英语教育教学也必须不断改革创新。英语教师如何进行改革，发挥创新精神，笔者认为，应侧重几个方面。一是要转变教育教学观念。教学是在教师一定的理念指导下进行的活动。在教学中，教师起主导作用，用自己的教育理念、教学方式、教学手段和知识储备引导学生身心和智能、技能发展，达到教育目的。在教育教学活动中，教师不但受到一定教学目的的制约，同时受到一定教育理念的支配。随着时代的发展，教育教学理念也发生变化，因此，教师必须与时俱进，顺应社会的需求，更新教育教学理念。通常情况下，在教师的教学理念指导下所进行的教育教学行为，是教师通过培训、学习、实践等过程的有效反复来完成的，教育教学理念也是通过这些过程来逐步实现的。

因此，英语教师应主动积极参加各种教研活动，学术交流，了解、感受、理解一些新的教育教学理念，接受并实践自己逐步形成的新理念。总之，高职院校英语教师要从根本上转变传统的教育理念，以培养学生的应用能力为切入点，钻研新课程，自觉地理解并接受新的教育理念，用科学观念武装自己的头脑，大胆地进行教育教学改革创新。

应倡导教育教学创新，就教学内容来看，国家已逐步实行了统一，应该说，其正确性、科学性和实用性达到了一定的高度，但也有一些增、删、补、调的空间。因此，教师在教学过程中，要弘扬科学精神，勇于探索，追求真理，精益求精。要把有利于提高学生思想政治水平和适应专业发展的新理论、新知识、新技术引入课堂。要认真研究探索新的教学方法，着力于提高学生的能力。

教师要坚持走自主发展道路，要有自信。自信是在自我评价上的积极态度。高职院校英语教师坚决走自主发展的道路，提高自身的职业素养，在这个过程中需要对自我专业发展有信心，按照先进的理念和思想去发展自己，不断提高教学能力和职业素养，最终成为英语专业教学的能手。

教师要尽快把自己培养成为"双师型"教师，并在此基础上，以"高职名师"为追求目标，自主发展、不断完善自己，把自己培养成为思想品德高尚，教育理论先进、教学方法科学、教学经验丰富、教学质量较高、科研水平较高的"高职名师"。"国将兴，必贵师而重傅；贵师而重傅，则法度存。"这是习近平总书记在与北师大师生座谈时引用《荀子·大略》中的一句名言。高职院校英语教师的职业素养是影响高职教育英语人才培养质量的关键因素，是学校的核心竞争力。提高英语教师职业素养的途径较多，笔者认为，强化政府主导地位，建立健全保障机制；落实院校主体责任，努力提高执行力；教师立足自主发展，不断完善自我这三条途径是最重要和最有效的。

这三条径道若能畅通，高职院校的广大英语教师的职业素养定能得到快速提高，高职院校的师资队伍建设相应得到加强，高职教育事业也会得到进一步发展。

第五章　高职英语教师的职业发展规划

第一节　高职英语教师合作学习

一、合作学习概况

合作学习是 20 世纪 60 年代末兴起于美国，并在 20 世纪 70 年代中期至 80 年代中期取得实质性进展的一种富有创意和实效的教学理论与策略。合作学习是指学习者结成一定的小组，在学习过程中，小组成员之间相互交流、相互帮助，从而促进学习者在认知、情感和态度等方面得到积极发展的学习活动。"合作"有两层含义：一是行动上合作，二是知识资源的共享和思想方法的合作。

美国著名心理学家，合作学习的倡导者斯莱文在《教育中的合作革命》一文中呼吁："应该把合作学习的基本原则纳入整个学校系统的运行轨道中，其中包括学生与学生、教师与教师、教师与学生、教师与行政人员、学校与家庭、社区、一般教育与特殊教育的全面合作。合作革命的前景十分诱人，学校将成为更人道、更愉快的工作与学习场所。"

高职英语教师合作学习的基本要求要在高职院校英语教师中形成积极合作的氛围与彼此促进、共同提高的情境，有赖于以下环节的实现：

（1）明确合作团队。要开展合作学习，首先必须明确合作团队。高职英语教师合作学习的团队组建有不同的方式：一般以教研室为一个团队；也可以是英语教师与某个专业教研室的教师组成一个团队，如讲授商务英语的教师与讲授国际贸易等专业课程的教师组成学习小组；还可以是有经验教师带教学新手组成一个团队；或者根据共同研究的课题来组合。

（2）确立共同目标。在合作学习中要求团队全体成员拥有一个衷心向往的共同目标、共同接受的价值观、共同体验的使命感，在此基础上，使每个人凝聚在一起主动学习，以实现大家内心渴望的共同目标。高职英语教师合作学习的目标就是解决教师教学中面临的实际问题，实现高职外语教学的目标与要求。

（3）确定沟通途径。在一个合作性的集体中，具有不同的智慧水平、不同知识结构、不同思维方式的成员可以互相启发、互相补充，在交流的撞击中产生新的认识，上升到新的水平，用集体的力量共同完成学习任务。团队里的教师围绕共同话题而参与分享式讨论，把自己获得的信息或教育教学改革中取得的成功案例提出来交换与共享，以此促进信息的流动和成功经验的推广；或者进行批判式对话，就理论学习中的某一个观点或教育教学中遇到的热点问题站在反思的角度展开辩论或质疑，通过互相碰撞、充分摩擦以达成高层次的共识。

（4）创设合作交流的情境。高职英语教师合作学习的情境就是教师教学和工作的学校。通过培养合作型的教师文化，使教师处于民主平等的氛围中，使教师超越纯粹的个人反思或者完全信赖外来专家指导，转向教师之间的相互学习、交流，分享他们各自的专长，从而促进共同发展。

（5）促进合作学习中的自我反思。反思是教师专业发展的必要条件和根本前提，高职英语教师在合作学习过程中，不仅要进行独自反思，还要进行合作反思，要学会批判教育学的思想、观念和方法，对自己、对他人的理论、信念、语言和做法进行批判与反思，剔除偏见、局限和故障，寻求和把握教学的本质和方法。通过合作学习激励启发的情境，教师自我反思和专业自主意识逐渐形成并不断深化。

二、高职英语教师合作学习的基本途径

学会合作学习是现代英语教师必备的素质，教师应学会在教育过程中寻求师生间的相互理解和支持，争取同事间的积极合作，协调有关方面的关系，充分挖掘利用各种有利因素、资源，创造一个信任、合作、协调的教育环境。根据高职院校外语教学的特点及英语教师素质的现状，高职英语教师专业发展的教师之间的合作学习包括两个方面：英语教师之间的合作学习和英语教师与专业教师的合作学习。

（一）英语教师之间的合作学习

在教学准备过程中，英语教师可以合作设计课程、开发教学软件、谈论教学方法和教学模式的革新、集体备课、互相听课、评课，交换意见、分享经验、讨论难题的解决办法；在教育教研中，英语教师可以通过合作教研活动、师徒教育等方式，一同探讨教学实践中遇到的问题，共同学习新的教育理念及思想，如采取课题研究方式进行"校本教研"，即教师结合自己的教学工作选择教育科研课题，在课题设计与研究中合作学习，加速提高教师的科学水平和科研水平。以下是笔者所在学院英语教师开展合作学习的一些途径：

（1）定期召集全体教师学习有关职业教育新思想、新理念；讨论专业发展的方向，根据市场对人才的需求共同制订教学计划、教学大纲。

（2）定期组织教师上公开课，其中既包括老教师的示范课，也包括新教师的亮相课。老教师有很多宝贵的教学经验，驾驭课堂能力强；新教师思维活跃，大胆创新，使用网络、多媒体教学能力强，这样一来，可使新老教师之间互相观摩、互相学习、共同进步。

（3）每周安排时间进行教研室的活动，教授同一专业、同一年级或同一门课的教师合理安排时间认真讨论学期教学计划、教学重点难点、教学方法、教学中学生的反应，通过讨论大家各抒己见，共同解决教学中存在的突出问题；并采用集体备课的方式，既能减轻个体的劳动强度，又能做到知识共享。

（4）根据学校专业的特点，邀请学者和专家进学校开展系列学术讲座，以提高广大教师的理论水平，使更多教师了解本学科领域的前沿知识，掌握相关领域的科学技术发展态势，拓宽学科视野；还可以组织团队的教师到相关企事业单位锻炼、实习，了解行业发展的最新状况。

（5）充分利用校园网络开展教师间的合作学习，合作学习的本质是优势互补，资源共享。网络是人类最广泛的互动学习环境。高职英语教师为了实现外语教学目标，促进自身专业发展，必须熟练掌握这种快捷方便的合作学习方式，开展广泛的合作学习，也可利用自己的专业优势，上网查询相关的外文资料，促进教学与科研能力的发展。

（二）英语教师与专业教师之间的合作学习

由于高职教育的培养目标和教学是围绕培养实用型人才进行的，高职高专教师必须是"双师型"教师，英语教师同样担负着培养生产一线需要的实用人才的任务。高职英语《基本要求》也规定了把基础英语能力和实际业务运用能力的培养融为一体。因此，语言教师除了具备扎实的语言素质、教学理论及科研能力外，还必须去学习、了解相关专业的实用业务知识。教师的教学、科研工作都应该紧密地和学校开设的专业挂钩、结合。在高职英语教学中，"双师型"教师角色主要体现在专业英语知识的传授上，比如在商务英语教学中，教师不仅要讲授相关的商务英语知识，还要通晓公司商务交往中的信函、单证、谈判等具体的操作流程，使学生学会在以后的相关业务交往中进行交流。

因此，高职外语教学的第二个阶段——专业英语教学要求英语教师积极与专业教师进行合作学习共同承担教学任务。国外已有很多学者认识到合作教学的重要性，并对其可行性及具体操作方法做了先行研究。都德勒认为通常学生遇到的困难不是单独的专业知识或英语技能缺乏，而恰恰是无法把二者有机结合起来，做到融会贯通。因此，在教学中英语技能和一定的专业知识是不可分割的。英语教师通常对专业知识了解不多，这就要求他们必须加强与专业教师的交流与合作，需要专业教师帮助来解决某些专业内容，这种合作贯穿于从需求分析到课程评估整个教学过程。这种合作模式可以是长期固定的，双方教师结成对，共同制订教学计划，编写教学教材，并在长期合作中不断摸索总结适合专业英语学习者的一套方案；双方的合作也可以是短期和灵活的，专业教师在需要时充当顾问，帮助英语教师解决一些专业知识难题。

在我国高职院校外语教学中，专业教师与语言教室的合作教学能否顺利进行，合作能否有效需要一个重要前提，即在合作过程中，参与者能否互惠互利，共同提高。休特训和沃特斯也曾论述："重要的是这样的合作是一种双向过程；专业学科专家可以帮助担任专门用途英语教师更好地了解学习者的语言使用目标情况。同时，英语教师可以使专业学科的专家了解学生面临的语言困难。"

（三）保障措施

我们需要培育教师间相互合作的教学和工作环境，教学管理层还应多为教师间的合作学习提供行之有效的措施，从而增强合作学习的可行性。

1. 构建高职校园内合作的教师文化

斯莫克认为，阻碍教师专业发展的最主要因素是教师间的孤立。因此，他呼吁学校应该建立起教师间相互支持与共同工作的学校文化，更进一步说，"教师专业发展在本质上乃是教师间不断经由意见交换，感受分享，观念刺激，沟通讨论等来完成，因此同事间关系的品质乃决定了教师专业成长的关键，只要能设法寻找时间共同分享与互相观摩，就是专业成长历程的开始"。

为促进校内教师合作学习，学校应营造合作学习的文化氛围，教师的发展依赖于他所处的环境、其他同事的影响，教师文化与教学文化对教师的成长有重要意义。在合作的教师文化中，教师的发展、平等互助、资源共享、相互支持，这些特征为教师专业发展提供了有利条件。建立合作的教师文化，让教师在一个互信、互谅的环境中共同探求改变思维和习惯的方法，才有利于教师的专业发展。首先，学校在组织和时间的安排上要让教师一起参加教学目标的规划，让教师有一起解决问题的时间；其次，合作学习团队要在互信、互谅的氛围中提供让教师互相观摩和咨询甚至写作教学的机会；最后，教师个人应培养彼此支持、互相配合、互相信任的价值观。通过分享材料、计划和资料及共同努力，教师集体参与教学实验的动机逐渐形成，共同促进教师专业发展。

2. 提供充足的合作学习资源保障

合作学习的开展离不开资源建设的支持，学校应为教师的教学、研究提供人、财、物三方面的保障。高职院校应该为教师提供尽量多的学习资料，包括书籍、报纸、杂志等，在资讯发达、信息沟通频繁的现代社会，应充分利用网络平台，创设知识共享的网络技术环境。学校在互联网的基础上，建立自己的校园网络，并研制开发出相应配套的应用软件，及时有效地传递一些相关信息，为教师之间、教师与学生之间、教师与外界的对话交流搭建平台。以满足师生员工随时随地在线学习和培训，相互坦诚友好的直接交流，以及寻找适合的、有用的知识或方案，解决现实中的种种矛盾与问题的需要。通过这些活动，教师不仅形成了获取及交流信息的能力，协调攻关的能力，还增强了加工处理信息的能力、自主学习的能力、科学探究的能力。通过这些能力的培养，教师进一步提升了自己的专业素养。

3. 实施发展性教师评价

过去，由于教师评价机制的不合理引发教师之间的恶性竞争，严重影响了教师合作学习的积极性。只有实施发展性教师评价，才能改善这些状况。

发展性教师评价是一种形成性评价，它淡化了传统评价的甄别、选拔、奖惩功能，进而关注教师的需要，突出评价的诊断、激励和调控功能，最终目的是促进教师的进步和发展，实现教师自身价值。发展性教师评价的主要特征包括：学校领导注重教师专业发展；强调教师评价的真实性和准确性；注重教师的个人价值、伦理价值、专业价值；实施同事之间的教师评价；由评价者和教师配对，促进教师未来的专业发展；增强全体教师的参与意识，发挥全体教师的积极性等。因此，发展性教师评价才能使教师真正地展现自己，主动地接纳别人，积极地帮助他人，促进教师的合作与发展。

三、高职英语教师角色定位

任务型语言教学是20世纪80年代外语教学研究者和第二语言习得研究者在大量研究和实践的基础上提出的一种有重要影响的语言教学模式，是继交际教学思想发展起来的一种教学途径。目前，高职英语教学中采用任务型教学已成为主流，它强调"在做中学"的语言教学规律符合高职英语课程教学提出的"以实用为主，应用为目的，突出教学内容的实用性和针对性，将语言基础能力与实际涉外交际能力的培养有机结合起来，以满足21世纪经济发展对高职人才的要求"的目标。

任务型语言教学是在英语课堂教学中让学生用英语完成各种真实的生活、学习、工作等任务，将课堂教学的目标真实化、任务化，从而培养其运用英语的能力。教学中要以具体的任务为载体，以完成任务为动力，把知识和技能融为一体，它是一种以学生为中心的语言教学思路，在完成任务的过程中，学生对学习内容、学习方式、学习结果等方面都有较大的自主权，因此，与传统的语言教学模式相比，在任务型语言教学模式中，教师的角色作用发生质的变化，探析教师角色，给予重新定位将对高职英语教育有重要的指导意义。

（一）传统教学模式下的英语教师角色定位

自20世纪40年代以来，在语言习得研究领域，研究者一直认为语言的学习过程就是学习者行为形成的过程，而行为的形成是人们对外界刺激做出反应的结果。因此，行为主义语言习得理论认为最有效的语言学习方法是将语言任务分解成若干"刺激—反应"过程，只要进行系统的操练，就能逐一掌握。以德国教育家赫尔巴特为代表的"传统教育派"认为教师在教学中处于中心地位，误把"学"当作"教"的简单反应，重视知识的确定性，否认学生学习的能动性和主动性。

英语教师长期使用传统的 PPP（Presentation Practice Product）语言教学，即以讲授、操练、产出为顺序的一种经典的教学模式。教师在教学过程中扮演讲授者、实施者、权威者的角色，通过"灌输式"的方式将知识传递给学生。在这种模式下，教师使用基于某个课程大纲编写好的教材，根据其教学进度以演绎法讲授课程，能充分体现教学的终极目标，外语学习的目的是学会足够的语言项目以便通过考试，学生主动性和能动性的缺位导致英语教学"教育性"的缺失，使高职学生"有口难言"，英语应用技能、沟通能力明显弱化。

1. 讲授者身份使学生处于课堂的边缘

一切教学活动都是从语言知识讲解、语言结构分析入手，只注重语言知识的传授，语法的讲解，视学生为被动接受的容器，忽视语言能力的培养，学生往往被边缘化。以传授知识为主的"知识本位"模式，课堂上常常是教师唱"独角戏"，学生被动吸收，教与学缺乏互动，难以形成良好的教学氛围。

2. 实施者身份使学生处于旁听者的地位

在传统的语言教学课堂上，多数时间里教师是站在教室前讲解，或是与全班学生一起做一些语言操练活动。但是，无论是讲解还是语言操练活动，教师都处于信息传递者的位置，学生只是旁听者，缺乏学习的动力和主动参与的热情。

3. 权威者身份使学生成为漠视者

教师占据课堂的绝对控制地位，决定着课堂教学计划、内容、方式、进度和评估，这样的学习势必导致学生只会单纯地从教师或书本那里接受现成的知识，在语言的学习中缺乏与同伴的合作、交流、探讨，容易形成孤僻的性格，不利于激发学生的学习动机，发展学生自主学习的能力。

（二）任务型教学对英语教师角色的重新定位

基于社会建构主义学习理论的任务型教学的核心是"以学习者为中心"和"以人为本"，强调学习者将自身经验融入学习过程、强调学习者作为积极的意义建构者和问题解决者；人本主义也强调作为个人学习者的地位和提倡全人教育，这正是英语教学的教育性的体现，社会建构主义教学模式鉴别出影响英语语言学习的四种因素：教师、学生、任务和环境。

若干个同心圆中处于中心的是教学过程的参与者，教师设置体现自己教学理念的学习任务；学生作为个人理解这些任务的意义和个人相关性；任务便成为教师和学生的连接界面；环境是影响学习过程的重要因素，这样，教师、学生、任务、环境处于一种动态的平衡中。而教师在任务型教学中，要从学生、任务、环境等多角度、多维度地思考如何实践和实施语言教学，并从单纯的语言教学功能中延伸教育的目的和价值，即使学习过程充满真实的个人意义，促进学习者学习能力、情感因素、健康人格等的协调发展。任何教学都应具有教育性，赫尔巴特曾说过："不存在没有教育的教学"，注重英语教学的教育性，是英语教师应该承担的教育职能。

1. 重视学生的主体地位，发挥教师的主导作用

任务型教学中，课堂教学的重点由"教"转向"学"，旨在发挥学生主观能动性。1969 年，人本主义代表罗杰斯在其著作《学习的自由》中指出，人类具有天然的学习潜能，但是真正意义的学习只有发生在所学内容具有个人相关性和学习者能主动参与之时。但这绝不意味着忽视教师的主导作用，而将以"教师为主导"和以"学生为主体"简单地对立，从一个极端走向另一个极端的误区。威德迅指出，以学生为中心并不意味着教师权威的减少，学生只是在教师权威的限制范围内发挥其自主性。教师必须为学习过程设计任务、提供必要的真实的材料，提出活动要求，同时提出各种学习活动的可能性以适应学生不同需求，监控并指导整个任务学习进程，片面主张减少教师的主导，只会使课堂失去方向、漫无目的。

2. 重视学习者和中介者的互动性，发挥教师的中介作用

心理学家维果茨基和心理学家弗瑞德均强调在语言教学中，教师作为中介者要发挥中介作用，以适当的语言引导、点拨和监控、反馈学习行为，使学习者达到或接近高一级的认知水平，即"最近发展区"，它与传统教学观下的教师作为信息传递者有本质的区别，中介作用涉及学习者和中介者之间的互动，以及学习者对中介者意图的反馈，能帮助学生取得发展进步、学会学习、处理问题、适应各种文化情境和社会变化，以及应对各种挑战所需要的知识、技能和策略，学习者在与中介者的互动中，获得持续的学习能力有助于促进全人类的成长。

3. 重视任务设计的连贯性，发挥教师的组织协调作用

维果茨基强调意义必须是任务学习单元的中心，不同意将学习割裂成孤立的项目来进行，要采取的是整体的观点，因此教师在设计任务时，前一个任务是后一个任务的基础或准备阶段，后一个任务是前一个任务的延续或发展，要形成连贯的任务链。课堂教学上，教师要帮助学生对新旧知识进行整体的意义建构、组织内容、获取知识和采取寻求帮助的策略，发挥好组织协调作用。

4. 重视教学反思，发挥教师的人格作用

教学反思被认为是教师专业发展和自我成长的核心因素，有利于教师经验实现量的积累、质的提高和准备性的增强。希昂于 1983 年提出"反思性从业者"概念，也鼓励教师通过反思意识到自己的教学观念、信念（信以为真的事物）、不断监视自己的行动是否反映了这些信念，从而了解自己的信念体系，并提倡做一名"高效"的教师，用人本主义观点认识自己，把作为"人"的自己和自己的人格带入师生关系中，发挥其"放任"的特质，自由地吸收新的思想和价值观念，为终身学习树立典范。

5. 重视环境的协调，发挥教师的指导促进作用

社会和临床心理学家布朗瑞尔用生态学观点阐述人的发展必须考虑周围的环境系统，不仅指密切的课堂和家庭的物质、人际环境，还指更广泛的社会文化和教育背景。任务型教学中，要关注学习者对学习环境的个人偏好、对课堂环境的个人感知，教师要采取恰当的组织形式，指导和促进学生在课堂中形成良好的人际关系和和谐的课堂气氛。

（三）以微课新模式为教师树立新定位

1. 教师是教学理论的开拓者

微课促使教师向教学理论开拓者转化，实现学生本位。教师在微课中大胆创新教学理论，运用丰富多彩的授课形式和先进的授课理念，提高了教师发现问题、解决问题的能力。

笔者对所教授学校的大学英语教师访谈发现，87% 的教师表示在微课制作中，真正做到了从学生的个体差异性出发，根据学生的语言能力、学习动机、学习风格等进行课程开发与设计，实现了因材施教的行动研究，使教学

的主体地位发生了根本改变，由传统课堂中教师为主体的教师本位向以学生为中心的学生本位转变。

教师在微课的教学实践中不断反思自身的教学理论，更新自身原有的教育教学理论体系，使理论创新跟上微课研究的步伐，并把最新的教学理论与微课教学实践相结合，通过微课教学方式反思教学理论的优缺点，不断完善教学理论，制作更适合学生个体化差异的微课视频。

2. 教师是课程研发的设计者

教育信息化时代为知识的泛在学习提供了有利的条件。微课促进了教师的泛在学习。教师在制作微课的过程中，不断查阅资料、及时学习新知识，在设计课程的过程中更新自己的教学理念和教学方式，教师首先需要了解学生的语言能力、实际需求、学习动机、自我效能感、认知风格等个体化差异，在此基础上制定合理的教学方案及教学活动。

微课的授课形式使教师重新认识到自身知识能力上的不足，在制作微课的过程中，不断提升自身综合素质，如专业知识能力的提高、对学生特点和需求的把握、对于多媒体技术的熟练掌握等。微课促使教师摒弃旧有的传统课堂授课中的"填鸭式"授课方式，重新思考如何恰当利用多媒体技术支持设计适合学生自身特点的授课内容和授课形式。教师成为真正意义上的课程设计的策划者。笔者对所在大学的英语教师进行访谈发现，85%的教师认可微课这一授课形式，认为微课改变了他们的授课理念和授课风格，自身的专业素质和多媒体技术的运用得到了提高，同时提升了教师的自我效能感。受访教师表示微课使自己获得了更多的课程设计方面的空间和自由，而不是局限于某一种固定的课堂授课模式。

3. 教师是教学活动的参与者

教师可以通过线上线下的方式自由地与同行教师切磋互动，针对微课中发现的问题进行针对性讨论，形成一个良好的微课学习共同体。教师可以把自己制作的微课视频放到网上进行分享，同行教师可以对微课提出评价及反馈意见，教师根据评价和反馈建议修改微课视频，使其更加符合学生的实际需要。

微课拉近了教师和学生的距离，教师不再是传统课堂中的权威象征，而是教学活动的参与者。教师可以通过网络与学生进行在线互动，对于学生在微课学习中发现的问题及时给予点拨、引导、帮助，使学生高效利用微课学习英语，激发学生学习英语的兴趣和动机，最终提高学生的英语水平。

4. 教师是教学效果的反思者

微课可以使教师及时反思教学效果，进一步完善教学设计和教学活动。76.5%的教师认为，教师可以利用网络在线模式监控学生学习微课的情况，学生在微课中遇到的问题可以提醒教师在微课设计过程中存在的疏漏；通过课堂活动教师还可以发现微课的内容难易程度是否适合学生的个体化差异，微课授课内容能否引起学生的兴趣、微课的教学目标是否已经实现。

与此同时，教师在制作微课过程中遇到的技术问题为教师提供了一个良好的学习机会。84.3%的教师表示，刚开始对于微课制作多媒体技术的运用生疏，随着微课制作次数的增加，学生对于微课学习的反馈意见及和同行教师的沟通探讨，多媒体技术的运用逐渐变得成熟；对于某一题材的微课，会根据课程需求巧妙地利用多媒体手段使微课视频更加生动有趣。

教育信息化时代的到来，彻底颠覆了传统的课堂教学模式，大学英语教师要跟上时代的步伐，及时转变自身角色。微课时代，大学英语教师不再是传统意义上的独占课堂的知识传授者的角色，而是转变成了教学理论的开拓者、课程研发的设计者、教学活动的参与者和教学效果的反思者。大学英语教师要充分利用微课这一新型优质教学模式，进一步提升自身教学能力，不断探索适合学生英语水平的教学方式，逐步提高学生的能力。

第二节　大数据背景下的高职教师发展

新一代信息技术发展催生了知识社会创新 2.0，重塑了物联网、云计算、社会计算、大数据等新一代信息技术的新形态，其中大数据的研究与应用引起了世界各国专家学者的关注。被誉为"大数据时代的预言家"的英国牛津大学教授维克托·迈尔教授在《大数据时代》中指出，大数据开启了一次重大的时代转型，"大数据"正改变我们的生活以及理解世界的方式，成为新发明和新服务的源泉，而更多的改变正蓄势待发。大数据在公共卫生、商业领域的应用已经风生水起，一场工作、生活和思维的大变革正悄然地改变这个世界。教育领域不可避免地受到影响和冲击，这必将促进教育优化，人才培养质量的提高，社会服务更加高效化。

2014 年 6 月，教育部等六部委组织编制了《现代职业教育体系建设规划

（2014—2020 年）》（以下简称《规划》）。《规划》指出将信息化作为现代职业教育体系建设的基础，到 2020 年信息建设水平要达到世界先进水平，现代职教体系的构建对高职教师提出了新任务和新挑战。

当前信息时代已转型升级为数据时代，积极应对大数据的挑战，既是深化职业教育改革发展的需要，又是高职教师自主发展能力升级的需要，培养教师的数据意识、数据思维和数据素质成为教师发展的新命题。教师发展的目的是关注个人的全面发展，高职教师发展既要遵循高等教育的发展规律，又不可忽视"职业性"的属性。本节将从教师发展的"个人发展、教学发展、专业发展和组织发展" 4 个维度，以大数据的视角重新解读高职教师发展的内涵、特征和实施途径，为大数据时代下开展教育研究提供借鉴。

一、大数据时代下高职教师发展的变革

"大数据" 不同于一般意义的 "数据"，它不仅是对于一个数字相关的信息进行撷取、处理、分析、管理的一种综合描述，而且包括交易和交互数据集在内的所有数据集。"除了上帝，任何人都必须用数据说话。" 美国互联网中心将 "大数据" 定义为：通过高速捕捉、发现、分析，从大容量数据中获取价值的一种新的技术架构。可以概括为四个 "V"，即更大的容量（Volume）、更高的多样性（Variety）、更快的生成速度（Velocity）和更大的价值（Value）。大数据时代下深入推进信息技术在职业教育中广泛和有效的运用，全面提升信息技术引领和支撑职业教育创新发展的能力，高职教育和教师面临着前所未有的机遇和挑战。

（一）大数据时代下高职教育的变革

1. 标准化培养受到挑战，倡导人才培养的个性化和多样化

《规划》指出要扩大学校招生自主权，对不同类型的学生实行不同的选拔方式，为不同来源学生、不同学习方式制定不同培养方案。大数据的发展应用将有助于实现这个目标与任务。统一的大纲、统一的教材和统一的人才培养方案的标准化将逐渐消失。高职院校的学生生源有可能来自中职校、普通中学、企业、行业甚至社区等，学生生源的多元化决定了不可能用统一的人才培养方案覆盖所有培养对象，大数据时代下通过微观用户的细节来判断其偏好、企业行业的市场用人需求，私人定制，因材施教，实施个性化、多

样化的人才培养，将会起到优化和高效的作用。

2. 程序性管理受到挑战，倡导预警管理的智能性和前瞻性

随着智慧校园和信息化平台体系建设的加快，通过监测、分析、融合每个用户群的数据，以智能响应的方式运行，逐步建立人才预测、就业预警和人才培养管理信息系统。当数据发生异常时及时发出警告，从而采取相应的措施，这将颠覆传统的程序性管理方式，促使学校由粗放型管理向精致化和智能化转变。例如浙江某校通过学生进出食堂等门禁记录，追踪学生在校的时间，当低于某一限度时，将对该生进行锁定，这有助于教师及时了解其学习和生活情况。智慧校园产生的大数据，能对学生学习与需求、舆情监控和教育决策等发挥预测作用。

3. 传统静态评价受到挑战，倡导动态评价的权变性与微观性

随着大数据的广泛应用，传统静态的终结性评价将受到质疑，大数据提供的海量动态的信息千差万别，对学生的评价也不可能是静态和终结性的，学生动态的评价有助于教育教学起到反馈、激励、诊断和导向的作用，反馈和反思微观个体的情况，为进一步调整学习方法和策略打下基础。权变性的概念来自管理理论，权变管理理论是卢萨斯等人在 20 世纪 70 年代提出的。"没有绝对最好的东西，一切随条件而定"，教育教学的评价也必须随着学生主体的变化而变化，未来的教育教学评价也将转向权变和微观的落脚点。

（二）高职教师"大数据"素质培养的必然选择

大数据时代高职教育诸多的变革，迫使高职教师必须迎接和面对大数据的挑战，然而高职教育既姓"高"又姓"职"的属性又决定了高职教师发展在遵循教师发展的一般规律的同时还要注重职业专业发展。高等职业教育要着眼于把职业教育的"职业性"、高等教育的"学术性"、师德师能教育的"师范性"三者有机结合，将大数据的素质培养贯穿于高职教师发展的全过程，使大数据为高职教师发展服务，利用大数据的特征和属性，为教师提供个人发展、教学发展、专业发展和组织发展的全方位的辅导与指导。

1. 发挥预测性功能，培养大数据意识，有助于提升个人发展的自我效能感

班杜拉对自我效能感的定义是"人们对自身能否利用所拥有的技能去完成某项工作行为的自信程度"。大数据的核心就是预测功能，它是人工智能的一部分，它通过数学算法运用到海量的数据来预测事情发生的可能性。正如亚马逊、当当网可以帮我们推荐想要的书、谷歌可以为关联网站排序，现代社交媒体微信、QQ 知道我们的喜爱，可以猜出我们认识谁等。大数据对学习行为的预测，有助于教师实现教学目标，帮助其在教学内容、教学方法上的选择和调适。培养大数据意识，发挥大数据的预测功能，培养教师在数据采集中筛选、甄别和整合的能力，将有助于自我效能感的提升。

2. 发挥相关性功能，创新教学模式，有助于提高教学发展的实践能力

大数据时代，事物之间的联系只需知道"是什么"而没必要知道"为什么"，这种相关关系而非"因果关系"颠覆了传统的"线性关系"，改变了人们探索世界的方式和方法。例如有效利用大数据的相关性功能，整合教学资源，搜索、共享、整合慕课、微课等网络视频课程，创新教学模式，围绕这些课程资源，根据学生需求，对学生学习风格、学习能力等进行有的放矢的考量，适时调整教学风格和提升课程的更新能力。又如在线资源库的开发，通过学生在线答题的时间、对错情况、参与讨论等大数据相关性分析，了解学生在学习中的进步情况及未来的表现和潜在的问题，实现线上与线下交互的教学模式，不断提高教学实践能力。

3. 发挥混杂性功能，强化信息技术应用，有助于提高专业化发展的能力

大数据的"大"，并不是绝对意义上的大，但却是收集采集的全部数据的总和，我们应以一个比以前更大更全面的角度来理解事物，将"所有一切的数据总和"这个概念植入我们的思维中。混杂性、不精准性成为大数据时代的特征。高职教师发展中，要强化信息技术应用，学会在纷繁混杂的大数据中，获得或提高与专业工作相关的知识和技能，数据处理能力已成为自主学习的利器，也成为专业发展的第一要素。一方面要追踪专业的学术前沿知识和理论，另一方面要了解行业、企业发展的前沿技术，为产教融合、工学结合服务，从而提高专业发展的能力。

4. 发挥完整性功能，整合信息资源，有助于创设组织发展的良性互动氛围

相比于小数据和精准性时代，大数据更强调完整性，不仅包括量化的数据，还包括定性数据，完整性和包容性成为大数据的特征。创设有效的环境，整合资源，健全大数据资源共享机制，政府、企业行业、学校要整合信息平台，打通三方的互通频道，实现高职教育良性的同频共振的发展机制，更好地开展教与学的实践活动，不断提高教学、研究、服务和实践创新的能力，让数据"发声"，创设三方组织的良性互动氛围。组织发展是高职教师发展的保障，环境的创设有利于个人发展、教学发展和专业发展的协同提高。

二、大数据时代下的高职教师发展的实现路径

大数据思维，是一种意识，认为公开的数据一旦处理得当就能为千百万人亟须解决的问题提供答案。大数据社会带来的数据优势应得到充分发挥，开启并利用收集的所有数字信息，将成为今后教育生活中不可分割的一部分，也应根植于高职教师发展的思维中。

1. 构建优质资源大数据共享机制，挖掘数据的潜在价值

随着数据进入市场，数据不再是单纯意义上的数据，现有市场上谷歌和亚马逊等网站都是大数据的先驱者。"开放政府数据"的倡议响彻全球，构建政府统筹、行业标准、企业参与、学校和社会共建共享的大数据库将成为可能。例如，高职院校人才培养工作状态采集平台对于教育主管部门、高职院校本身和社会各界都有积极意义。通过终端多样化，教育主管部门、学校、行业企业、家长、教师群体都能共享数据成果。教育主管部门能够对教育教学进行监控和评估；高职院校本身也能实现自我监控和自我评估；行业、企业、家长对学校的情况有更深入的了解，便于对优质资源的选择和认可，这有助于利用数据把脉问诊，充分挖掘数据的潜在价值，指导服务于工作实践。

2. 建立健全数据信息管理的监管机制，倡导责任与自由并举

大数据重新定位了人类信息管理准则，并鼓励和倡导数据拥有者、开发者和使用者都要承担起相应的法律责任，实现责任倡导下的自由，保护个人隐私。因为数据使用者比任何时候都明白他们想要如何利用数据。例如Facebook技术政策专家将用户信息向潜在广告客户进行信息模糊处理，有效地处理了暴露个人身份信息的危险。中国数据中心产业发展联盟秘书长郑宏介绍，未来的大数据关乎用户的人身和财产安全，须出台相关法律明确使用用户数据的权限和方式，建立信息泄露的维权机制。高职教育在人才培养过程中，大数据采集分析不可避免地会暴露企业行业、学校等相关商业机密，甚至是教师、学生的个人隐私，建立健全数据信息管理的监管机制，克服和规避风险也成为数据开发者和使用者应尽的责任。

3. 建立高职教师自主发展和培训实践机制，培养数据科学家

信息技术的迅速发展，掌握信息技术应用成为高职教师的必备素质，促

进信息技术与教学相融合，完善信息化教学大赛制度，全国高校教师培训中心也在积极地组织微课在内的信息化大赛，进一步提高教学的信息技术应用水平。运用信息技术将实现学校与企业、专业与岗位、课程标准与职业资格标准、学习过程与生产过程的无缝对接。大数据时代下高职教师传统的"双师型"身份，即教师和技术工程师的身份不会削弱，而是对高职教师多重身份的符合要求。数据分析家、数据科学家将成为高职教师的另一个头衔，也是高职教师应对大数据的挑战，自我能力提升的重要体现，同时有助于增强教师从事职业教育的荣誉感和责任感。

4. 建立区域化、国际化教师发展联盟，实现教师可持续发展

教师发展要体现学习型社会提出的终身学习和可持续发展的理念，高职教师发展要拓宽渠道，扩大视野，建立区域化、国际化的教师发展服务平台，构建教师发展联盟。西方国家有成功的经验，例如 2010 年欧洲国家着力建设一个开放的欧洲高等教育区为目标的"博洛尼亚进程"，旨在促进欧洲国家间优质资源的互动、交流和共享，赢得了众多欧洲国家的积极响应与支持。大数据时代，已经冲破了校园围墙，模糊了区域间的界限，站在国际化的前沿，有助于高职教师从封闭走向开放，从被动走向自主，进一步促进不同类型教师间的协调、共享与合作，为高职教师终身的可持续发展奠定基础。

大数据改造了我们的生活，它无法教会我们所有事情，但却能帮助我们优化、提高、高效化并最终实现目标。大数据在高职教育领域的研究与应用才刚刚起步，大数据的使用者、开发者如何发挥大数据的优势、规避风险需要政府、企业、学校等多方参与和研究，尽快建立健全相关制度，倡导宏观指导和微观实践的路径，将为实现高职教师发展提供另一种选择。培养高职教师大数据素质，将大数据资源转化为一种工具，用它指导服务于未来的教育实践，将成为高职教师必备的基本素养。

第三节　高职教师在线发展的价值取向

随着产业结构的调整升级，社会对高素质技能型外语人才的需求日益增长。高职外语课程既要注重外语语言基础，又要培养学生实际应用语言的技能，特别是用英语处理与未来职业相关业务的能力。高职外语师资队伍水平与高职外语教育教学改革息息相关，当前高职英语教师专业素养薄弱、专业发展同质化、低效性一直是教师发展面临的困境。随着网络化学习的推广和普及，教育信息化颠覆了传统教师发展的范式，在线发展逐渐成为教师专业发展的一种新趋势，为高职英语教师发展开辟了新的路径。教师发展的实质性变化，从集中面授式培训转变为分散式的在线学习，从外在的刚性需要转变为内在的自主需求，从有形的教室到无形的网络空间，将在线发展嵌入教师工作中的持续参与的过程，这些变化和过程使高校教师在网络环境下开展在线学习和专业发展具有无限可能。

教师在线专业发展是指基于互联网的在线环境，发生在教师身上的总体变化。高职英语教师在线发展是指以信息技术平台为基础，支持外语教与学能力的转化，帮助教师开展反思性学习和实践，达到个性化发展和自主发展的目的，实现从新手入门级教师转变成职业专家型教师的动态演变过程。在线教师发展价值取向对外语教育教学决策、教师教学行为和教育实践效果具有重要作用，也影响着高职教育教学改革和发展，厘清在线专业发展的价值取向，梳理英语教师在线专业发展制度框架将有助于提高高职教育教学质量。

一、高职教师在线发展的价值取向

世界各国的教师发展正从"教师培训"向"教师学习"转变，从"教师在场"向"教师在线"转变，教师"在线"的蕴意广泛，即"在网"，包含互联网计算机终端、智能移动终端等，在线学习也经历了从远程学习到电子学习再到移动学习方式的转变，20世纪80年代到90年代开始，英国开放大学、中国广播电视大学的远程教育进行得如火如荼，随着信息技术的发展，网络课程慕课、微课等教学资源平台的开发，即时聊天工具、数字化教材或资源库等网络资源使高职教师在线发展逐渐成为应然的体验，但面对信息技术的革新，纷繁复杂的网络世界，审视在线专业发展的内隐的观念系统和价值蕴意是值得探讨的话题。

1. 坚持泛在性和自适性的双融互通

泛在性源于泛在学习，是指学习的发生无处不在，学习的需求无处不在，学习资源无处不在，可以利用手边的任何科技工具完成学习，即4A（Anyone，Anytime，Anywhere，Anydevice）。教师在线发展使得英语教师可以随时随地、利用任何终端开展学习，实现更有效的学习效果。对外语知识的获得、储存、编辑、表达和创造等的智能化的虚拟学习环境将提高教师的问题解决能力和创造力。自适性是指教师根据学习环境的变化智能调适和改变自身的知识结构，生成建构新知识的过程，并使学习调至最优状态。英语教师在线专业的泛在性和自适性，相互依存，相融互通，英语教师要访问和收集包括文字、图片、视频、音频等任何形式的在线学习资料，及时掌握和了解高职外语教育教学改革的最新动态，不断调整和改变自己以适应目标发展的需要。公共课英语教师要立足于培养学生职场环境下的英语交际能力，使英语学习服务于专业学习。

2. 演绎技术性和人文性的双重变奏

正如美国学者奈斯比特大声疾呼的：高技术需要高情感加以协调。教育信息技术的生长、发展都深深根植于文化维度中，然而有时科学和文化表现为发展的分裂、隔阂甚至对立，中西文化传统的纠缠，知识至上的价值取向也曾使西方陷入严重的文化危机。教师作为知识的应用者、价值的承担者，要平衡技术性和人文性的向度。语言是文化的一部分，又是文化的镜像折射，高职英语教师在线学习的内容不仅包括外语知识、语言技能、基本态度和实践技能、团队精神，还包括普适性的文化的获得、跨文化交际能力和职业素质的养成。高职外语教育要坚持人文精神，提倡人文关怀，培养既有文化底蕴又有外语素养和适应岗位要求的高素质技能人才。

3. 注重自主性和协同性的耦合内聚

教师自由、自主地选择感兴趣的资源或话题，自由安排在线的学习时间，随时自主参加在线教研活动、项目研究，促进专业发展。从诺尔斯的成人学习理论来看，教师作为成年人总是根据职业岗位的需求或现实教育教学中的问题而开展学习活动，以问题为导向的学习本质具有自主性特征。在线专业发展有教师个体自主参与模式，也有学习社区和学习共同体模式，学习型组织的创始人彼得·圣吉指出"培训不等于学习，个人学习也不等于共同学习"。教师在线学习的意义不再是靠灌输，而是在虚拟社会情境中以多成员间相互对话生成的，建立由在线学习教师、咨询专家、教育技术专家、网络管理者等构成的虚拟学习社区或学习共同体。基于共享观念和外语教学资源共建项目，协同组建校际发展在线联盟、行业企业发展在线联盟、邀请朋辈、企业人员、政府人员等参与，有助于开阔视野，获取资讯，促进个体与群体的协同发展，增强凝聚力，共同体成员为共同的培养目标，共享愿景，共建学习资源和学习平台，实现从个人自主发展到群体自觉发展的转变。

4. 关照非线性和思辨性的持续发展

在线专业化发展要素涉及人、技术、文化、环境等多重因素，各变量因素间的不确定性和复杂性形成了在线专业发展的非线性，任何一个因素的变化都可能引起在线学习效果的变化。在线专业发展需要发现问题、搜集信息、论证问题、评估反馈的批判性思维意识和技能，高职教育要培养具有批判性思维的技能人才，激发其想象力和创造力。批判性思维源于美国 20 世纪 70 年代的西方逻辑学领域，80 年代开始引入教育领域，以培养和训练批判性思维能力。外语在线学习任务的设计、过程、监管、支持、评价、资源等因素中过程分析环节的引入，有助于学习分析问题、解决问题能力的培养。在线学习系统的非线性和思辨性将有助于教师专业的可持续发展，为终身学习奠定基础。

二、高职教师在线发展制度设计

20 世纪末，教师在线发展受到各国追捧，我国教师在线发展刚刚起步，以互联网为基础的在线虚拟环境必将成为英语教师发展的重要平台，如何走出高职英语教师发展的困境，制度设计不可或缺，和价值体系如同车之两轮，鸟之两翼，助推教师成长发展。

（一）构建教师发展标准——高职英语教师在线发展的行动指南

2001 年，美国国家教师发展署出台了《教师在线专业发展标准》，是目前国际教育研究领域最早的关于教师在线专业发展项目规划和评价的纲领性研究成果。国家政策和制度的出台规范着教师专业发展的目标、内容、方式和效果。2007 年，英国学校培训和发展署出台了《高校教师专业标准框架》，建立了一体化的教师专业标准框架，这是英国高校教师发展走向专业化的标志。2000 年，我国以立法的形式颁布了《教师资格条例实施办法》，开始全面实行教师资格制度，但我国还应尽快出台《教师在线发展标准》和《高职英语教师发展标准》，标准的颁布对加快教师发展方式的转变、鼓励和促进教师转型升级、提高教育教学质量意义重大，同时有利于解决高职英语教师发展所面临的一系列问题，尽快确立《高职教师资格认定制度》，有利于促进高职教师的健康发展。

（二）制定教师激励机制——高职英语教师在线专业发展的持续动力

教师发展最终是自主性发展，是教师专业知识、专业素养不断更新与完善的动态过程，提高教师自我效能感是教师增强专业能力的内驱力，是教师产生自主工作动机的内在原动力。高职英语教师的双师素质是指既要掌握语言的知识、态度、技能、信念的基本能力，又要具有职业岗位的行业外语知识、职业素质、职业道德、职业情感和职业精神。高职教师在线专业发展受制于教师的需求、动机和目的，因此要从精神、薪酬、荣誉、工作等方面采取激励手段，通过设计在线发展项目等激励不同阶段教师的发展动力，如英国杜伦大学每年设立"梦想基金项目"，为教师发展提供基金项目和智力支持。高职英语教师发展要设立"在线精英奖"等，加强在线学习，建立良性的激励制度，从激励教学行为入手，满足教职员工的需求和教师的行为，激发教师形成良好的职业道德和职业行为规范等，达到主体的虚拟环境和客体教职工共赢的效果，以激发教师的积极性。

（三）建立发展性考评机制——高职英语教师在线专业发展的评价反馈

新西兰教育部借助"在线学习中心"实现数字化学习资源共享。英国在20世纪80年代末期开始实行发展性教师评价。高职教师发展考评要对教师开展分类、分层、分级考核。高职英语教师不同于专业课教师，不仅要有定量而且要有定性的内容，公平科学的竞争机制，确保高职教师在高职教育改革发展和信息智能化社会中不被淘汰。要组建由职业教育专家、企业代表、职业技能鉴定专家等组成的资格认定委员会。高职英语教师在线学习的考评要考虑职前和职后的统一，职前教师注重学科知识向实践知识的转化和衔接，职后教师注重外语资格证书如全国翻译证书、口语证书的学习和考评，对教师实践应用能力、技术创新能力和社会服务能力等的考核，丰富在线教师发展的评价机制。发展性评价以教师为本，满足了教师尊重和自我发展的需要，全方位地鼓励教师的工作热情和积极性。外语在线学习课程可以包括测验、设计练习、交互游戏、角色扮演等活动，学习者与在线系统进行的每一次交互都能得到系统的反馈。

（四）优化技术服务机制——高职英语教师在线发展的虚拟环境

2016年7月，我国颁布了中国信息化发展的纲领性文件《国家信息化发展战略纲要》，该文件指出到2025年我国要率先建成世界领先、国际一流的移动通信网络。核心技术是不受制于人的关键。高职教师在线发展当前从计算机端到移动技术环境转变，同时随着 4G、5G 网络的普及，无线信号的推广为智能手机接入互联网提供了保证，为高职教师实现在线学习提供了可能。我国要进一步提升和优化技术环境，满足个性化和自主化发展，在资源优化、数据服务、技术支撑上下功夫，为大数据时代下的教师学习提供保障。现有的高职英语教师学习网络包括：高等英语教学网、全国英语教师研修网等。当前全国高职英语慕课平台建设专项正紧锣密鼓地展开，优化虚拟环境，提升知识的可视化、传播的艺术化、信息的可视化等有利于不断满足教师的发展，营造良好的虚拟空间。

（五）构建教师在线发展联盟——高职英语教师在线发展的组织文化场

文化场域的形成，会对教师的教育观念和行为产生预期、激励、阻止、调控作用，教师在线发展突破了时间和空间的限制，教师在线联盟的建立实现了全球教师的联通，将来自高校、企业、行业、社区等人员组成联盟，有助于形成文化互动，企业文化、校园文化、社区文化、社会文化及其价值的碰撞，这是激发教师发展的外部力量，同时不同领域的信息交流、新旧观念的冲突，在线情境的学习是教师发展的核心动力。联盟的每个成员要进行知识的交流，通过团队的合作与交流，使得共同体内部的知识得以发挥其最大效益。在线联盟的运营和服务不能仅仅依赖于主办方，要集政府、企业、高校、行业、社区等于一体，共同为教师发展营造文化场域，以形成教师发展的文化自觉和文化自律，对高职英语教师文化责任和自身文化处境的反思，也是教师发展的动力系统，这种文化市场深耕于教师的内心，却外显在教育教学发展和教师终身发展的实效上。

教师发展只有秉持积极的价值观，不偏废高职外语教育发展的初衷，高职外语强调"语言基础"为"实践应用"服务，教师要发挥在线专业发展的双融互通；既强调工具性，又强调人文性；既注重个体的个性化发展，又关注相互的协同性；既关照非线性，又关注在线学习的思辨性，将充分发挥在线学习的优势，这也是无缝学习的方向，从而更好地实现专业发展。同时高职英语教师在线专业发展的制度不是孤立的，是相互依存、相辅相成的，只有协调好各种发展制度之间的关系，高职英语教师在线专业发展才有成效。教师在线专业发展要使其与在线组织文化、信息技术和制度的良性融合，共同为高职英语教师的可持续发展注入新的活力。

第四节　高职教师发展新路径

工学结合是将工作和学习结合起来，以校企合作为形式，以培养学生的实践操作技能为导向，把课堂学习和实践活动相结合的人才培养模式。它强调培养学生的综合素质和就业竞争能力，同时提高学校教育对社会需求的适应能力。《国家中长期教育改革和发展规划（2010—2020 年）》第十四条大力发展职业教育中强调：把提高质量作为重点。以服务为宗旨，以就业为导向，推进教育教学改革。实行工学结合、校企合作、顶岗实习的人才培养模式。"工学结合，校企合作"模式是我国目前高等职业院校人才培养的主要模式，也是其改革创新的重要内容和研究热点。但要真正地实现这一培养模式，就要对现有的教学体系和内容进行全面的变革和创新，对于一贯作为公共基础课程的外语教学，其改革的力度和难度尤甚。在此背景下对作为教改重要参与者和教学主要实施者的高职院校教师的专业素质提出了更高的要求。全面提高高职教师的专业素质以适应当前高职教育改革的要求，更好地培养学生在职场环境下语言的实际运用能力已成为当务之急。

一、工学结合背景下高职教师应具备的专业素质

高等职业教育理念和培养目标以及高职院校"工学结合，校企合作"的人才培养模式决定了高等职业教育，既不是大学本科教育的低水平复制，也不是中职教育的学制延长，而是一种具有鲜明职业特色的高等教育形式。高职教师是否具备符合这种特点和模式的专业素质也成了高职教育能不能办好、能不能为国家和社会输送高技能人才的决定性因素。就高职教师应具备的专业素质而言，笔者认为，它既有相同于其他专业教师专业素质的方面，也有其特殊的要求，应包括以下几个方面：

（1）正确的职业教育理念。我们经常说思想决定行动，要使高职外语教学能够真正地服务于培养高技能应用型人才的目标，为学生未来的职业发展保驾护航，每位高职教师就必须全面、深刻地理解高职教育理念的内涵和实质，用它来引领和指导教学工作，使外语教学体现出鲜明的职业特色。这是

每一位高职教师必须具备的极其重要的素质。

（2）扎实的专业知识和相关的行业知识。专业知识素质是指所从事的专业教学的基础理论知识和专业知识的广度与深度，扎实的专业知识是教师授课的必备条件。就外语教学而言，高职教师应在自己所教授的语言上达到精通的水平，除了语言教学必备的"听、说、读、写、译"的能力，教师还须了解与所授语言相关的文化背景和国家概况等方面的知识，在工学结合背景下，外语是为专业课程服务的基础课程，它应满足职业岗位对职业能力的需求，使学生能使用外语结合专业和岗位进行具体的日常会话和专业交流，所以高职教师除了应当具备上述的语言教学方面的专业知识，还应根据所教学生专业的不同，了解掌握更为广泛"专业"的知识，把语言教学和相关的行业知识的传授有机地结合起来。例如，在对旅游专业的学生进行授课时，教师可以把涉外导游的一些常用语和著名景点的介绍穿插到教学过程中。这样既可以在教学中拓宽学生的知识面，同时也提高了学生学习的兴趣，使外语教学内容真正地和专业结合起来。

（3）灵活、科学、合理的教学方法和现代化的教学手段。工学结合模式倡导的是"教、学、做"合一的教学观，教学强调开放化教学、职业化教学、网络化教学。它主张以学生为主体、以教师或技能教师为主导，理论和实践相结合，注重学生的实践能力、操作能力、职业能力和协作能力的培养，这和传统教学观念中强调学生被动接受、机械学习的教学观形成了鲜明对比。因此，教师应当根据学生的特点和教学内容灵活、科学、合理采取诸如问题导向教学、行动导向教学、任务项目课程教学、情境教学和案例教学等，善于使用现代化的教学方法，让学生积极参与到教学过程中，使学生真正成为学习的主体。此外，高职教师还应在教学中充分利用现代化的教学手段，如网上教学、计算机辅助教学、多媒体教学来拓宽学生视野、营造真实场景氛围，利用模拟客房、模拟车间、模拟办公室等加强现实效果，甚至不定期地让学生走进外资企业、交易会等进行实践锻炼，实现工学结合模式所倡导的"教、学、做"合一的教学理念。

（4）良好的教科研能力。高职教育在我国经过多年的蓬勃发展已经具备了相当的规模，工学结合模式也被广泛认可和付诸实践，然而，在工学结合模式下的高职教育都只是在宏观上的研究和实践，因此，不同地区、不同院校、不同专业、不同分工的高职教育工作者都应该根据各自的实际情况和面临的问题积极参与到高职教育的理论和实践研究中。对于高职教师而言，要树立自己不仅是一个教育工作者，更是一个教育研究者的观念，把科研和教学紧密结合，以科研带动教学，以教学促进科研。广大高职教师应在"工学结合，能力为本"的职业教育理念指导下，着力培养学生在将来工作中所需要的外语应用能力，坚持"应用为主，够用为度"的高职外语教学原则，根据不同专业的特点和要求，改革外语教学。

二、工学结合模式下高职教师专业素质培养途径

（1）全面更新教育理念，发展创新思维。工学结合模式下的教学更注重培养学生的职业能力，使得外语教学处于全新的情境下。这就要求高职教师更新传统教育观念，不仅要掌握高职教育的基本规律，还要对工学结合教学模式进行深入研究，理解其对教学的要求和特点。同时，广大高职教师应当解放思想，摆脱传统教学理念的束缚，大胆探索和尝试新的教学方法和手段，着力提高自己的创新思维和能力。具体而言，教师应当提高信息素养，熟练掌握计算机技术，及时将新知识、新信息、新方法传递给学生。在教学中能设计合理的教学方案，采取合适的教学手段，使教学始终根据学生的需要、企业的需要、社会的需要处于动态更新的状态下。

（2）加强教学反思与教学研究，提高教科研水平。教学反思，是指教师以自己的教学活动过程为思考对象，对自己的行为、决策以及由此产生的结果进行审视与分析的过程，是一种通过提高参与者的自我觉察水平来促进能力发展的途径。教学反思是教师提高教学科研能力的行之有效的途径，教师通过对日常教学工作的思考，从中发现问题，研究问题，解决问题，总结教学中的得失，把自己的思考转变为理论，然后运用于教学实践中，这种"思考"到"实践"，再由"实践"到"思考"的循环往复的过程，必将大幅提高教师的教科研能力。除了进行反思活动，广大的高职教师还应当开展丰富的职业教育和外语教育方面的理论研究，同时要进行外语课程、专业知识、信息技术的有效融合研究，并以此为指导思想开发基于学生职业能力培养的具有职业特色的精品课程、教材、课件、教学方案、网络资源和网络学习平台，加快外语教育以就业为导向、以服务为宗旨的职业化进程和教师职业化教学研究能力的提升。

（3）升级知识结构，提升行业能力。工学结合模式下，以往那种只要外语好就能当好教师的观念显然已经不符合高职外语教学的要求，所以高职教师应当对现有的知识结构进行升级，提高自己的行业知识水平。笔者认为以下几条途径可以帮助教师提升行业能力。一是参加行业培训。教师可以根据教学需要，有选择地参加一些相关行业的培训，这样可以帮助教师熟悉授课对象的行业目标、职业岗位或岗位群，了解相关行业，岗位需要的外语语言能力和岗位需要的最基本的专业能力，在教学中有的放矢地将行业知识与语言教学有机联系起来。二是到企业进行实践。高职教师想真正提高自身的行业能力，就必须走出校园，到相关行业企业中去学习与锻炼，在工学结合的实践中提高自己的专业素质，实践形式可以是"半教半学"式，也可以是"脱产式"。教师通过到企业进行实践锻炼可以全面了解企业和社会对于高职毕业生语言能力的要求，同时也能提高自己的外语实际应用能力。三是参与行业外语教材的编写。通过参与行业的外语教材的编写和开发，教师进一步掌握相关行业的外语知识和其知识体系，这样的过程，本身就是学习过程，走进专业的过程，它能加快高职教师由基础课教师向专业教师的转变，促进教师的成长。

（4）养成自主学习习惯，树立"终生学习"理念。当今社会信息量巨大，知识更新迅速，高职教师必须顺应时代的发展，养成自主学习的习惯，树立"终生学习"的理念，保持旺盛的求知欲，不断更新自己的知识和理念，完善知识结构，以适应不断变化的职业教育发展需求。高职工学结合的教育模式给高职外语教学带来了深刻的变革，在这场变革中广大教师既面临着严峻的挑战，同时也应看到其中的机遇。高职教师应明确目标，通过各种途径，努力提高自身的专业素质，在教学实践中发现问题、解决问题，不断完善、提升自我，最终向专家型、导师型教师迈进。

第五节 高职教师专业发展路径

高职教师专业化包含两个方面，一是高职教师个体专业化；二是高职教师职业专业化。

一方面主要指高职教师个体的内在的专业性提高；另一方面主要强调高职教师群体的外在的专业性提升。从社会学视角看，高职教师个体的内在的专业性提高是建立在个体努力基础上的，需要高职教师主动地学习和努力，需要高职教师在所处的冲突社会状况中，不断通过主动调适"冲突"，接受利益团体随时调整变化的专业价值规范，需要高职教师在人际"互动"中主动解释或选择他人影响及环境结构因素。

由此可见，高职教师个体专业化是一个在"冲突—互动—协调"中"主动社会化"的过程；高职教师群体的外在的专业性提升是高职教师在学校体系中，"应"高职教师专业的整体标准与目标要求，"答"教育系统、学校组织与法令条例规定的奖惩制约及专业规范和社会角色期待，而习得专业、职业与技术知能，内化专业规范，表现专业行为，改善专业服务功能，提升专业品质的过程。

由此可见，高职教师职业专业化是一个在"规范—习范—改善"的组织功能提升中（习得专业规范，表现专业行为，改善专业服务功能，赢得专业地位）"应答社会化"的过程。冲突理论、符号互动理论与结构功能理论为我们探寻高职教师个体专业化与群体专业化的具体路径提供了有益的启示。

一、"冲突协调"路径

冲突理论与符号互动理论告诉我们，冲突是社会的本质，也是高职教师个体专业生活的本质。高职教师专业生活中每时每刻都面临着冲突：知识与能力的冲突、教与学的冲突、先进的教学思想与传统的教学方法之间的冲突等。解决专业冲突，谋求进一步发展，要求高职教师个人在专业生活中与他人（或客体）积极互动，并在互动过程中，统合主观的我与客观的我，以"重要他人"的观点（或客体）作为参照，知觉、修正或发展专业观念，表现合适的角色行为，提升高职教师个体内在的专业性。

（1）反思研修。反思研修是指高职教师作为冲突知觉的自为主体，通过独立的分析、质疑、实践、分析、探索、创造等提升自身专业知识、职业知能和技术知能，解决专业冲突的活动。反思研修的形式有很多种，主要体现在教学反思、专业深造、网络研修、行动研究等方面。教学反思是高职教师通过对自己个人或者同行、同事的教学行为或教学过程进行反思和分析，总结经验教训，提高教学质量和水平的活动。专业深造是指高职教师根据专业生活中冲突的性质与内容，选择相应的院校进修，提高自己教育教学水平的活动，相应院校包括综合类大学、各类师范院校以及同类型的高职高专院校等。网络研修是教师选择以网络为平台进行学习、研究的一种新方法。网络能创造高职教师之间、高职教师与科研工作者之间、高职教师与企业行业人员之间交流互动，共同探讨的环境和氛围，有利于在互动对话中碰撞新的教育火花，解决认知冲突。行动研究是一种特殊的"教学研究"模式，是高职教师对自身的教学活动进行思考和探究，并使教学活动和内容以更为有效的方式展开的模式。

（2）联企锻炼。联企锻炼是指高职教师通过联系一家或几家企业开展职业技能和专业技术方面的锻炼和实践，实现更新和提升自身专业学科、职业能力以及技能等，解决专业冲突的活动。企业拥有良好的职业实践条件，如先进的生产设备、最新的工艺流程与技术信息，规范的高新技术孵化平台，这些都有利于高职教师开展学科、职业与技术方面的实践锻炼。同时，通过联企锻炼，高职教师更加全面地理解和掌握当前高职生工作岗位与工作内容所应具有的职业知能和技术知能，促使高职教师适时反思与调整专业教学活动内容和教学活动方式，提升高职教师的课程开发能力、组织能力和实施能力，联企锻炼的形式包含挂职、兼职、顶岗实践等。

（3）教研活动。教研活动是以提升高职教师教育教学能力、促进学生全面发展为目的，以课程建设、专业建设以及教学过程中高职教师所面临的各类专业冲突为研究对象，以高职院校教师为研究师资培养，以专业研究人员为合作伙伴的冲突导向型的实践性教育研究活动。教研活动的最终目的是有针对性地提升高职教师的专业教育教学综合素质，强化高职教师理论和实践能力、课程建设和实施能力。通过项目分析、专业剖析、集体备课、公开课和教研沙龙等各种形式的教研活动，教师在教育教学和教学改革过程中遇到的疑点和难点将会得到全面解决，从而创新教学模式，转变学生的学习方式。教研活动能直接增进教师的教育专业知能，解决教育中各种现实的冲突情境。

（4）同行互助。同行互助来源于美国学者肖尔斯和乔伊斯提出的"同伴互助"概念。原指在互相信任和依赖的基础上，教师共同规划各类教学活动，相互提供、反馈及分享经验（反思），帮助教师改善自身的教学行为。同行互助有助于教师改善自我的教学行为。高职教师同行互助是指高职教师相互之间以及高职教师与行业企业的同行之间为解决学科与教育专业、职业和技术方面的冲突情境，在学科、教育、职业和技术上相互帮助，互相反思学习，共同提高。同行之间相对容易建立互动与信任关系，有利于实现互帮互助，并通过这种行为，解决双方之间在职业、学科、技术、教育专业知识与能力方面面临的实际冲突。

二、"规范改善"路径

结构功能主义理论认为个人社会化过程的本质是被动的，遵循既有的社会规范与期望而表现专业角色。从社会学的观点理解高职教师专业化，就是指高职教师在当前的学校教育教学体系中，遵循高职教师专业的目标要求和整体标准，教育系统、学校组织与法令条例等所期望和规定的角色规范，习得专业、职业、技术知能，内化专业团体规范，表现适当的高职教师专业角色行为，改善专业服务功能，赢得专业地位的历程。可见，促进高职教师专业化必须在建立健全高职教师专业规范中改善高职教师专业行为，提升高职教师职业的专业品质。

（1）建立健全高职教师专业标准。健全而成熟的专业标准是一门职业专业化的重要标识。高职教师专业标准是指国家为进一步明确宏观的高职教师教育发展方向、凸显高职教育教师行业的特性而制定的专门用于衡量高职教师专业发展状态和多层次质量规格的高职教师专业可持续发展体系。高职教师的队伍建设、专业教学水平提升、教育体系完善的主要依据和重要保障是健全而成熟的高职教师专业标准。建立健全高职教师专业标准主要应建立健全高职教师准入标准、发展标准和职称评聘标准。专业性的准入标准是一门职业专业化程度的主要标志。建立健全高职教师准入标准，严把高职教师"入门"关，有助于提升高职教师的专业性。严把"入门"关，除注重道德、性格等个性品质和角色意识外，更应注重和强调与"高职"特性相关的专业素质要求。教育主管部门在注重和强调高职教育特征的同时，应明确高职教师特殊的素质要求，制定并出台相应的《高职教师资格条例》等制度，建立健全高职院校教师准入标准。同时，教育行政部门可根据不同类型（根据高职教师的素质要求，高职教师可分为：教师类与技师或工程师类）的初、中、高级标准，明确高职教师应具有的学科与教育专业水平与能力、职业资格等级与能力、技术水平与能力及社会服务能力，以此建立健全高职教师发展标准。职称评聘标准对提升和促进高职教师专业发展有重要意义，高职教师评聘标准要体现高职教育的特色，特别是高职教师指导学生参加专业技能比赛、学科竞赛、参与校企合作的成效、技术研发、创新能力及成果、社会化服务等方面的成果应作为职称评审的重要指标。此外，根据"双师型"素质的要求，可实施教师系列与工程师系列互通，鼓励教师同时申报两个系列的职称，并在岗位聘任及教学任务上做出区分，不同的系列安排不同的教学任务，享受不同的待遇。

（2）构建完善的高职教师教育体系。从教育培训的角度出发，高职教师专业化发展受制于三大因素：第一，职前提升水平，职前提升水平决定高职教师专业化的起点水平；第二，入职培训水平，该水平决定高职教师专业化的成长进程；第三，职后培训水平，该水平决定高职教师专业化水平的成熟度。由此看来，高职教师作一门特殊的专业，应建立一项完善、科学、严谨的职前、职中和职后教育培训体系，以全面提升教师的专业素质和专业水平、促进教师专业化发展，为此应构建一体化的高职教师教育制度和专业发展学校。

首先，一体化的高职教师教育制度，需要有健全的职前培养、入职教育、职后培训的制度。根据高职教师学科专业性、教育专业性、职业性和技能性"四性合一"的要求，完善的高职教师职前培养制度应体现学科教育、师范教育、职业教育、技能教育等内容，提升专业化的起点水平。为保证教师顺利适应受聘单位与岗位需求，要严格规范高职教师入职教育制度，提升高职教师专业化的成长性能。为促进高职教师专业的可持续发展，要完善强化高职教师职后培训制度，提升高职教师专业化的成熟程度。

其次，要建立职前、入职、职后一体化的高职教师教育制度。高职教师的专业发展是动态的，其本身是一个持续不断的过程；高职教师职前、入职、职后三个发展阶段在功能上既各具特点又相互作用，每一阶段发展过程中的"关键"事件都由先前事件所决定并预示着将来发展的走向。

因此，高职教师教育要建立职前、入职、职后一体化的终身教育制度。这种终身教育制度的外在表现形式是高职教师专业发展学校，其运行模式是：以地域为单元，以综合性大学或师范学院（大学）或专科学院（大学）等的院系组成一个高职教师教育联合体，与一所或几所职业院校结成伙伴关系，一起培养教师。高职教师职前培养一般集中在"联合体"里进行，职中、职后的学习和培训则根据教师个体发展差异由"联合体"与伙伴高职院校共同实施针对性教育。

（3）建构高职教师专业伦理。专业伦理是高职教师专业化的品质保证。架构高职教师专业伦理须注意以下五点：

第一，凸显高职教育的规律和目的。高职教师专业伦理既要考虑产业经济对高职教师专业伦理的具体要求，也要考虑专业伦理是否能很好地适应与促进高职学生的身心发展，特别是职业技能的习得与养成。

第二，尊重高职教师专业的"特性"。高职教师的专业"特性"主要体现为"技术性""实践性"和"职业性"，"三性"是高职教师专业伦理所必须体现的特殊伦理诉求。

第三，体现"社会服务"理念。"提供专门的社会化服务"是专业化的体现，高职教师是一门专业，除一般的教育教学服务属性外，还具有"社会服务"的功能属性，社会培训和技术服务是高职教师实现高职教育特色发展的主要观测点，是高职教师专业和高职教育的本质要求，所以，高职教师专业伦理要凸显其社会服务属性。

第四，现实性和前瞻性相结合。现实性是指现实可行性，指专业伦理不但要遵循教育法规政策的要求，又要适中、全面，具有可操作性，体现时代对教师的现实要求。前瞻性是指专业伦理必须紧跟时代（特别是产业发展）的步伐并成功应对时代发展的趋势。在制定专业伦理规范时，要将现实性和前瞻性有机结合起来，将现实性作为专业伦理的落脚点和基础，以前瞻性引领高职教师的伦理追求。

第五，"规约"与"德行"相统一。规约是对从业人员专业行为的基本和具体要求，一般使用明令禁止或消极的语言组织，对专业行为既有约束力，又有保障作用；德行是一种获得性的人类品质，是从业人员因自身发展需求而积极主动的伦理诉求。"规约"和"德行"相统一，可使专业人员获得专业实践的内在利益，也能保证专业人员"透过专业工作中专业理想的实现，达至个人能力的卓越与良好关系的满全"。

三、教育生态视角下教师成长环境探讨

生态学是研究有机体或有机群体与其周围环境的关系的科学，它注重生

物体与其生存环境之间的各种关系及造成的影响。教育生态学是美国教育家劳伦斯·克雷明于 1976 年在其所著的《公共教育》中率先提出的概念。

教育生态学把生态学原理与方法运用和渗透于教育学中，尤其是运用了生态系统、自然平衡、协调进化等原理来研究教育与其周围生态环境之间交互作用及其规律。教育生态学视角将人与环境交互作为研究的首要原则，而且将人与环境的互动与发展放到更完整、更复杂的动态环境系统中去考察，努力还原人与环境复杂关系的生态本质。

将教师的成长考察置于一个更为宽泛的时空架构中，在这个架构中有教师赖以成长的"场域"，强调场域中集体价值观、周围氛围、群体文化对个人专业发展的促进和羁绊。教育的生态环境是以教育为中心，影响教师个体成长和受教师成长影响的所有条件之和，也就是教师感受到的职业生活和成长环境。

所以，教师专业成长不仅是教师学科知识、教学技能的增强，还包括教师个体社会化的同步发展，即教师作为社会人所表现出来的价值观、人生观、情感、意志等的发展和完善，而这些又是教师"育人"并对学生产生重大影响的个人专业成长要素，它们直接受到教师生存期间所形成的各种人际环境状况的影响。有利的生态环境可以促成教师个体成长的超常发挥。

教育生态学视角下的教师的成长环境研究凸显了教师主体的个体性和环境的层级性及系统性。教师专业发展环境就是教师的生活世界，即教师感知和体验到的职业生活和成长环境。教师成长环境的层级性包括教师自我发展的环境，也包括教师与他人（学生、同事、领导等）之间的关系，还包括教育政策、教育体制、社会期望之下的自我约束和突破。

总之，教师在与环境互动的背景下，教师不是环境的消极接受者，而是环境的积极营造者，教师是主体，处于环境系统的中心位置。以下笔者采用环境分类法，从个人环境、学校环境和社会文化环境分别阐述。

（一）教育生态视角下教师成长的个人环境

从生态视角观察来看，对教师发展影响最大的是个人环境，它是教师成长生态系统中的微观系统，处于层级系统中的最里层，包括教师的家庭背景、教育背景、教师内在信念、情感体验、教师自我素质的提升。个人环境在教师成长中发挥着重要作用，父母、老师及家族优秀同辈的模范表率作用，配偶对家庭及工作的大力支持都能产生积极的环境作用，这些成为教师成长发展的外部驱动力。而教师本身的职业认同、自我发展的内在信念成为教师成长发展的内部驱动力。

（二）教育生态视角下教师成长的学校环境

学校环境是教师专业成长过程中的感受最直接的环境，是层级系统中的中观系统，作为中观系统调节和引导教师专业发展的方向和路径。因此，学校环境在教师成长过程中有特殊的意义，它对教师的成长有非常明显的作用。学校环境包括学校制度、教学环境、科研环境、教师与行政人员之间的关系、教师与教师之间的关系、师生之间的关系、校园氛围等。教师在与环境互动的过程中，与学校环境互动是最为关键的，教师不能被动地适应学校环境，应该积极主动地营造、优化环境，在一个轻松、愉快、和谐、向上的学校环境中从不成熟走向成熟，使自己的职业生涯得到完美发展。

（三）教育生态视角下教师成长的社会文化环境

社会文化环境是教师成长生态系统中的宏观系统，处于层级系统中的最外层。它主要是指与教师发生间接关系的教育政策、教育制度、教育习俗和文化等。教育政策对教师的成长起了重要的导向作用，教育制度发挥着强制及潜移默化的作用，教育习俗和文化体现出社会大众对教师的期望，教师会不自觉地调整自己的各种行为规范来满足大众的期望。

四、教育生态学视角下高职教师成长环境优化

从教育生态学的视角来看，教师能感受到的职业生活和成长环境都对其发展产生影响，教师就是在与环境互动中成长起来的，一方面要适应环境，另一方面要创造环境、优化环境。我们可以从个人环境、学校环境和社会文化环境进行优化，或者从微观环境、中观环境和宏观环境优化，以便形成教师和环境的良性互动。

（一）高职教师成长的个人环境优化

信念是意志行为的基础，是个体动机目标与其整体长远目标的相互统一，没有信念人们就不会有意志，更不会有积极主动的行为。教师信念可以理解成：教师主体在即时情境下对自身专业发展这个客体的认识、理解、想

法和观念，教师信念决定教师的行为。国家大力发展职业教育给教师带来了机遇，但是外语学科的边缘化也给教师带来了挑战，教师应该在这个时候坚定自己从事职业教育的信念，把挑战化为动力，激发自己潜在的精力、体力、智力和其他各种能力，探索出一条适合外语学科在高职院校顺利发展的新路径。提高自身的"双师"素质。高职教师应该适应形势发展的需要，在努力提高自己专业知识的同时，也要提高外语实践教学技能。因为教师的专业知识和专业技能也是组成教师专业发展的个人环境要素，它是决定教师专业发展的要素之一。创设和谐家庭环境。和谐的家庭环境是职业成功发展的良好保障之一。家庭轻松愉快的氛围使得教师很容易进入工作状态并且乐于在课堂上也保持轻松愉快的环境，容易和学生形成良性互动，又反过来促进教师的身心愉悦，增强从教的基础建设理念和家庭幸福感。

（二）高职教师成长的学校环境

首先，要建立和谐的教师之间的关系，摒弃传统的"文人相轻"的旧观念，新型的教师关系不仅仅是同事关系，更是基于共同爱好的友谊关系，还是基于共同事业的伙伴关系。尤其是在高职院校外语学科不受重视的环境下，教师之间更要树立协同创新的观念，建立新型的教学科研共同体，以便改善知识结构，实现优势互补，在互助协作中与同事共同成长。其次，要建立轻松愉快的教学氛围。以独特的人格魅力吸引学生，以丰富的文化知识吸引学生，以新颖的教学方式吸引学生，从而在轻松愉快的环境中激发学生的学习兴趣，挖掘学生的学习潜能，教师与学生在此过程中知识与情感得到了有效的交流，从而达成共识、共享、共进，实现教学相长与共同发展。改革管理模式，建立民主参与式的学校管理模式。建立民主参与式的管理模式的前提是以人为本，尊重教师，使教师在更宽松、更自由的氛围中工作和思考，为教师专业发展创造良好的环境。倾听教师心声，了解教师的实际生活、教学、科研状况和需求，提供针对性的、切实有效的帮助和指点，把国家发展、学院发展和教师个人发展结合起来，取得多赢的效果。改变评价方式。正确的评价才会有激励的作用，才会有向上的动力。学校应该摒弃重科研、轻教学的观念，鼓励教师以研促教，以教促研，教研结合。同时根据教师个人事业发展的特点，细化教师事业发展群体（研究型、教学型、教学研究结合型），形成相应的评价方式及职称晋升方式。弱化学生对教师的评价和优化教师考核标准，采取多种措施激发教师自身的内在动力和自我发展的能力。

（三）高职教师成长的社会环境优化

教育管理部门要把教师教育落到实处。教师是一个需要终身学习的职业，职前教育和在职教育紧密相连，教师的职前和在职教育具有科学性、连贯性。职前教育注重系统性、理论性的知识学习，在职教育注重实践性、实用性的技巧提升。就高职教师而言，他们多数具有扎实的理论功底，但是实际教学中会遇到很多困惑：如何激发高职学生学习外语的兴趣？如何把外语和专业教学相结合？如何贯彻项目引领的教学理念？如何践行"做中学，学中做"？如何开发外语校本课程？因此，教师教育应该多做调研，要"自下而上"倾听教师的心声，从教师的实际需求出发，使教师在各项省培国培和其他培训中获得解决实际问题的能力，教学和实践能力获得真正意义的提升，而不是流于参加过多少次培训这种形式主义。相关部门要采取优化教师成长环境的配套措施。鼓励高职教师顶岗实践，采取相关的配套措施。

《高职高专外语教学基本要求中》中提出："在完成《基本要求》规定的教学任务后应结合专业学习，开设专业外语课程"，因此教师自身要有很强的实践教学能力，要具备"双师"素质。教师提高实践教学能力的最佳途径之一是参与企业行业的顶岗实践。但是在就业形势比较严峻的今天，很多企业行业并不愿意接纳教师顶岗实践，当然其中有企业行业自身发展及用人原则等原因，但是也与国家及教育行政部门只倡导而无实际措施有关。国家应该采取相应的措施，鼓励企业行业接纳教师参与顶岗实践，比如减免税收，申报科研项目可以加分，享有当地政府的优惠政策，或者直接给予现金奖励。政府从多层面多渠道调动企业的积极性，给教师提供顶岗实践平台。

教师不仅要利用业余时间或者寒暑假参与企业行业顶岗，更要争取完全脱产顶岗的机会，真正融入企业行业的生产和服务中。比如参与企业对外合作项目的前期调研考察，外语资料的整理和翻译，项目合作过程的口译等。

教师成长的环境因素以及互动对于教师的职业发展起重要作用。我们以教育生态学的视角来研究教师的成长环境，将教师的成长考察置于一个更为宽泛的架构中，个人环境、学校环境和社会文化环境共同交织构成了教师成长的总体环境。教师要创造条件与环境积极互动，完善自身的专业发展。

第六章　职教本科背景下高职
英语教师团队建设

第一节　职教本科背景下高职教师学习力的研究

高等职业教育本科（简称"职教本科"），是教育部根据我国高技能人才当前紧缺的实际现状，结合国际职业教育发展总体趋势提出的一种新的类型教育。《现代职业教育体系建设规划（2014—2020 年）》明确提出，要在办好现有高等职业教育（专科层次）的基础上进一步发展本科层次职业教育。截至 2021 年年初，教育部已先后批准 22 所学校开展职业教育本科试点，分阶段开展本科层次职业人才培养。2021 年 1 月，教育部印发《本科层次职业教育专业设置管理办法（试行）》（教职成厅〔2021〕1 号），对本科层次职业教育专业设置所需师资条件做出明确规定，对职教本科专业教师的学习力提出更高要求。因此，探究职业教育本科教师的学习力是职业教育改革发展中不可回避的命题。

一、职教本科背景下高职教师学习力的研究现状

职教本科是全日制本科学历教育的一种，我国台湾地区早已存在高职本科的办学类型，大陆部分省市也开始进行高等职业本科层次教育探索，现将职教本科背景下高职教师学习力的研究现状进行梳理。

截至 2022 年 6 月 27 日，笔者以"职教本科"为关键词在知网进行搜索，共检索出 40 篇相关文献。俞慧刚（2021）提出"'技术适应性'是职教本科的本质特征，唯有'技术适应'，职教本科才有存在的价值和意义"。朱俊、钟嘉妍（2021）提出职教本科发展的四组关键命题，指出职教体系的发育程度是由制造业与治理主体之间的博弈形塑，"国家经济战略转变和新一轮技术革命对中国特色的产业结构体系的影响构成职教本科发展的现实基础；区域经济社会发展使命与产业转型升级对企业技术升级影响构成职教本科发

展的现实土壤；中国特色现代职业教育体系构建构成职教本科发展的理论依据；职业院校办学质量提升和层次分化构成职教本科发展的基础"。

这些文章在一定程度上从不同角度对职教本科有所关注，但基于教师学习力视域下进行职教本科研究的文献尚未找到。在知网可以查找的学术文献里，没有关于教师学习力与职教本科研究方面的学术论文。

二、高职教师学习力不足的现实困惑

高职教师学习力不足是一个现实问题，这也是造成目前高职教育质量有待提升的根本原因之一。我国教育家冯恩洪曾谈及我国教师普遍存在的一个共性问题是"胸中有数，目中无人"，这也是高职教师目前面临的困惑。这一状况在我国高职教育界广泛存在，它也是造成高职教师现实困扰的原因之一。高职教育在教学设计中要关注四个问题，分别是分析学生"在哪里？到哪里？怎么到？到了吗？"这四个问题贯穿于课堂教学全过程，但大部分高职教师尚未真正落实它，距离要求仍有较大差距。从高职教育的实际来分析，有的知识是属于高职学生读了书就能收获的新知识，这样的内容高职教师无须在课堂花太多时间讲授；而有的是高职学生读了以后有障碍，需要教师传道授业解惑的新知识，这部分是需要高职教师花精力和时间带领学生共同探寻钻研弄懂和弄通的新知识。由此可见，好课堂追求的是缺陷美，好课堂从来追求的不是完美，完美的不是高效课堂。高职教师的任务之一是要学会挖掘学生潜能，因此高职教师要不断提升学习力，认真落实《中共中央国务院关于深化教育教学改革全面提高义务教育质量的意见》中提出的"精准分析学情"要求，优化教学设计。第一步，教师在教学设计中要关注学生"在哪里？"有针对性、有选择性地讲解知识，提高课堂效果；第二步，分析学生要"到哪里？"即帮助每一个学生树立发展的第一个小目标，在现有基础上提升一个层级，不断进步；第三步，帮助学生"怎么到？"；第四步，通过教育测评考核学生"到了吗？"。

三、高职教师学习力培养的必要性原因分析

职教本科背景下需要提升高职教师学习力从而提高学生学习兴趣，保障教学效果。在教师学习力培养方面，高职教师的教学与科研孰轻孰重？职教

本科背景下高职教师的理论与实践知识如何平衡？这些问题有没有内在联系？我们需要透过现象看本质，洞察问题的根本，找到破解之道。这些也是解决高职教师学习力提升无法回避的问题。

（一）学习型社会要求高职教师提升学习力

人类社会进入 21 世纪以来，知识更新速度不断加快。尤其是"互联网+"时代，不断涌现的新知识、新技术、新创造对高职教师提出了新要求。"自我超越、改变心智模式、建构共同愿景、团队学习以及系统思考理念"已成为高职教师的必然选择。因为只有通过学习，高职教师才能提升个人素质和能力，从而使自己更专业、进入更高层次。在职教本科的背景下，高职教师要通过持续建构自身知识，提升专业素养和能力。

（二）职教本科时代到来要求高职教师提升学习力

随着时代的发展，社会对职业教育人才提出了新的要求，需要高品质技术型人才，职教本科就是为了满足社会的迫切需要而产生的一种教育形式。我国台湾地区职业教育有专科、本科、研究生教育的不同层次，因此台湾地区早已存在高职本科的办学类型。我国大陆地区职教本科则起步较晚，本科层次职业教育还处于试点探索中。职教本科这一时代的到来，无疑对高职教师提出了新的要求，高职教师不仅要提升教学能力、技术应用水平，还需要提升思想理论水平、科研能力，而这一切能力的提升基础是教师的学习能力提升。

（三）学生知识更新速度提速倒逼高职教师提升学习力

现在的高职学生基本都生于信息技术高速发展、知识更新速度加快的 21 世纪。他们从小就接触互联网，知识获取便捷、知识更新速度加快。因此，传统高职教师的"传道授业解惑"面临新的挑战，教师在课堂的教育功能相对被弱化。学生习惯了在网上搜寻答案，自己解决问题，同时学生也会提出新问题，会质疑已有的结论。学生的质疑和好奇心正是科技创新的源泉，高职教师需要保护学生这一能力，鼓励他们大胆探索、勇于挑战，从而获得真知。这一现实也倒逼高职教师要提升学习力，保持对新学科、新技术、新知识的好奇和求知。

四、职教本科背景下高职教师学习力提升的理性思索

曾有学者把高职院校教师学习力构成要素总结为"学习的自觉性、学习的灵活性、学习的合作性、学习的创新性"等。其中学习自觉性包括主观自觉、客观自觉和自觉基础上的行为；学习灵活性包括灵活吸收能力和实践运用能力；学习合作性包括合作共享学习和生活情境学习；学习创新性包括教学创新和实践创新。

高职教师需要克服各种干扰因素，提升学习力。

（一）高职教师要自觉培养高贵的灵魂，激发学习动力

人们常常把教师称为"人类灵魂的工程师"，显然教师这一职业不仅意味着对学生"传道授业解惑"，更意味着精神的引领和灵魂的重塑。因此，从这一角度来说，教师应该比普罗大众在精神层面多一些自律和严格要求。在我国稳步发展职教本科的大背景下，高职教师要自觉培养高贵的灵魂，即高职教师要自觉树立一种集荣誉、责任、勇气、自律等于一体的先锋精神，富于自制力，正直，不偏私，不畏难。高贵的灵魂有三根重要支柱，主要表现为文化的教养、社会的担当、自由的灵魂。因此，一位有着高贵灵魂的高职教师会遵循一种活法，那就是要"干净地活着，优雅地活着，有尊严地活着"，培养的学生亦是有强烈社会责任感的、有高尚追求的、品德端正的社会主义劳动者。高职教师有高尚的灵魂，就自然会在工作中激发出强大的学习动力，在教学和科研中勤学、巧学、乐学，这样焕发人格魅力的高职教师是学生终生的楷模和榜样。

（二）高职教师要坚定信仰跟党走，树立"课程思政"的理念培养学习毅力

课程思政是指以构建全员、全程、全课程育人格局的形式将各类课程与思想政治理论课同向同行，形成协同效应，把"立德树人"作为教育的根本任务的一种综合教育理念。在职教本科背景下，高职教师学习力的提升根基在于树立"课题思政"理念。因为教师学习力提升的出发点和落脚点都是为了提高高职学生的培养质量，而加强学生思想政治教育作为高职学生培养的时代要求，每一位高职教师都必须全程、全课程贯穿课程思政的理念，"内化于心，外化于行"，牢固树立课程思政意识。课程思政的本质是立德树人、

理念是协同育人，因而高职教师要深入挖掘自己所授课程的思政元素，将爱国主义教育、共产主义教育、历史传统文化教育主动融入自己所授课程中，潜移默化地对学生的思想意识、行为举止产生积极正面的影响。

社会的发展对人才需求提出了新的要求，需要更多高品质技术型人才，这些人才走的是产学研结合之路，毕业后能马上适应岗位需要，更好地服务社会，同时这些学生也能更好地就业。职业本科教育是现代教育体系的重要组成部分，在实施科教兴国战略和人才强国战略中占有特殊地位。高职教师必须坚定共产主义信仰，坚定理想信念，坚定目标跟党走，唯有如此才能在复杂多变的教育教学和科研工作中不畏艰难，克服各种障碍，拥有坚强、持久的意志力，不忘初心，始终以培养高素质的高职学生、提升劳动者的素质为己任，将职业教育当成自己终生的事业和使命。

（三）高职教师要加强职业认同感，构建学术朋友圈从而提升学习力

职业认同感是一个心理学概念，是指个体对于所从事职业的目标、社会价值及其他因素的看法，与社会对该职业的评价及期望的一致，即个人对他人或群体的有关职业方面的看法、认识完全赞同或认可。职业认同感一般是在长期从事某种职业活动过程中，对该职业活动的性质、内容，职业社会价值和个人意义，甚至对职业用语、工作方法、职业习惯与职业环境等都极为熟悉和认可的情况下形成的。教师职业认同感由内外因素构成。内因主要包括职业认识、职业情感、职业期待、职业意志、职业价值观和职业技能六个方面；外因主要包括社会环境、薪酬待遇、医疗保障、学校领导和规章制度五个方面。教师职业认同感与教师的教学水平和能力高度呈正相关。职教本科背景下高职教师唯有提升职业认同感，才能激发自己对于职业教育的热爱，才会有更强的职业意志和更高的职业期待，才会积极提升自身的职业技能和学习力。相反，拥有较低职业认同的高职教师不可能发自内心地热爱职业教育，亦不会主动提升学习力，因而难以满足职教本科形势对高职教师提出的新要求。

在智能手机基本普及的年代，人人都有微信朋友圈。作为一名高职教师，为适应职教本科的新形势，要主动构建学术朋友圈。物以类聚，人以群分。不同的人有不同的圈子，高职教师利用微信朋友圈有意识地建立自己的学术朋友圈，将自己关心的学术热点问题与圈内志同道合的朋友一起探讨，有共同兴趣的人可以组建一个学术团队，进行课题申报，这不仅可以提

升自己的学术水平，还可以弘扬一种团结、向上、攻坚、创新的学习氛围，通过课题项目提升研究力，从而提升高职教师的学习力。此外，职教本科背景下高职教师也可以利用"两微一端"进行碎片化学习，从而提高自身的学习反思力、学习接纳力、学习探究力、学习生成力。为提升学习力，首先，高职教师要思想上重视，加强自律，主动学习；其次，多参加培训与交流，灵活学习，提升学习力；再次，利用各种平台（学习强国、干部网络培训学院）提升课程思政能力；最后，可通过组建或加入教学团队，在合作与分工中通过项目提高学习力。

职教本科背景下高职教师学习力的提升离不开学校层面的支持。首先，学校需要加强制度建设，奖惩结合，采用一些可操作性强的考核方式帮助教师提升学习力，通过教学与科研等各种考核手段，制定出能细化、量化教师学习力的测评表，从而提振高职教师迎接职业本科教育的信心；其次，学校需要引进高素质的教师，通过树标杆、立典型，引领学校形成学先进、争先进的氛围，从而激发全体教师提升学习力；再次，学校要加强内部培养，创设条件，为热爱教学有培养潜力的中青年教师多提供一些外出学习培养的机会，从而提升他们的学习力；最后，学校需要考虑建立退出机制，优胜劣汰，将一些早已躺平不愿学习、教学质量差师生口碑差的教师清除出教师队伍，使教师感受到不提升学习力，不仅无法胜任本职工作，更无法适应职业本科教育的新形势。

教师学习力是指通过学习获取知识的能力。未来的文盲，不再是不识字的人，而是没有学会如何学习的人。高职教师只有自觉、自愿、主动提升学习力，包括学习动力、学习毅力、学习能力，持续学习、终身学习，整合自身知识系统，才能在职教本科背景下担负起教书育人的新时代重任。唯有如此，才能担负职教兴国的重任，完成自身职业生源的升华，感受职业的幸福和满足。

巴菲特的合伙人查理·芒格曾说过："我不断地看到有些人在生活中越过越好，他们不是最聪明的，甚至不是最勤奋的，但他们是学习机器，他们每天夜里睡觉时都比那天早晨聪明一点点。"可见，学习力对于提升高职教师事业的高度重要性。只有执着于学习，终身学习，热爱学习且善于学习，才能成就一名优秀的高职教师。有了目标，还要坚定执行下去，因为决定人生高度的，从来不是一个完美的计划，而是一念即起的执行力，没有执行力一切都是零。

第二节　信息化背景下职教本科专门用途英语教学模式探究

教育信息化是教育现代化的重要内涵和特征，是高等教育发展的必然趋势。积极利用现代信息技术的优势，推动课堂教学改革和转变教育理念，是深化课程教学改革的重要手段。职教本科作为高等教育的重要组成部分，承担着应用型人才培养的历史重任。专门用途英语是进行专业课程教学的重要组成部分，做好专业用途英语教学对提高人才培养质量具有促进作用。

一、信息化教学的特点

信息化教学是以先进的信息技术为支撑的教学模式，是根据现代教育发展规律对学生进行知识教育和信息加工的过程，构建现代化的教学平台，尽可能多地调动教学媒体和资源的活动。

信息化教学以建构主义理论为指导，包含学生的学习情境、学生合作、师生会话和知识建构等要素。信息化教学以学生为中心，教师创设相关教学场景，充分调动学生的学习积极性和参与性，帮助学生进行知识建构并且运用所学知识解决现实问题。在信息化教学模式下，教师的角色从课堂的灌输者转变为学生知识获取的帮助者，学生则从外部知识的接收者转变为知识加工的主体，知识从课堂载体转变为学生知识建构的对象，教学过程从单纯的知识讲解转变为情境创设、问题解决和协商学习的过程。学生通过信息化工具进行知识的检索和学习，并且通过协作学习进行问题解决，最后完成知识建构和能力提升。信息化教学明确了以学生为中心的教学理念，强调情境对学生学习的重要性，强调小组协作对学习提升的关键作用，强调充分利用各种技术资源支持学生的学习。

二、当前职教本科专门用途英语教学的现状

职教本科专门用途英语教学对增加学生的专业知识和满足学生的英语学习具有重要的作用，并且可以促进英语课程教学的改革。然而，国内职教本科的专业英语教学开展时间不长，因此在实践过程中还存在许多问题。

1. 课程教学目标不明确

职教本科院校侧重学生实用能力的培养，对于学生的综合素质有更高的要求。职教本科专业用途英语教学的主要目标是提高学生的英语专业知识，从而可以更好地满足经济社会对于人才的新要求。然而，深受传统高校教育思维的影响，当前专业用途英语教师还是侧重学生读写能力的训练，忽视了学生英语听说能力的培养。学生的书写能力在求职阶段发挥了重要作用，然而在面试阶段的英语口语却很难突破，这在很大程度上是由于课程教育目标不明确造成的。因此，要想切实提高学生的英语综合能力，就必须完善专业用途英语的教学目标。

2. 课程教学模式陈旧

教育生态环境的变化，对高等教育的教学模式提出了更高的要求。在高等教育改革和教学技术不断发展的背景下，新的教学理念和教学模式成为学生学习的重要驱动力。专业用途英语具有很强的专业性和实践性，对英语任课教师提出了更高的要求。职教本科教师在专业用途英语教学过程中，采用了传统大学英语的教学模式，并且对专业英语知识的翻译和理解存在一定差距，因此在教学过程中更多的是照本宣科，课程教学模式缺乏创新，导致学生逐渐失去了对专业用途英语学习的兴趣，使课堂教学质量大打折扣。

3. 课程专业教材编写更新不及时

国内高校专业用途英语教学实践起步相对较晚，因此国内教材编写出版方面存在一定的滞后性。专业用途英语和行业发展之间具有密切的关系，行业发展对专业用途英语教材内容更新具有指导作用，同时也是院校学生了解行业发展趋势的重要途径。国内专业用途英语普遍是纸质版教材，从立项选题到编写出版之间存在很长周期，因此教材内容再版更新很难跟上行业发展的步伐。

纸质教材内容的滞后性会使专业用途英语教学失去原本的前沿性和知识性，对学生的求知欲会造成负面影响，进而影响课堂教学效果。

三、信息化技术在专门英语教学中的应用价值

有别于传统教学模式的滞后性，信息化模式下的专业用途英语教学可以满足学生学习的新要求，不断提高英语课程的教学质量，对于深化职教本科

教学改革具有重要的推动作用。

1. 实施电子信息备课模式

信息化教学背景对专业用途英语教师的媒介素养提出了更高的要求，需要教师熟练掌握电子信息备课模式。教师备课是进行课程教学的重要准备阶段，传统的纸质备课任务繁重，并且不利于教师的资源储存和资源更新。通过信息化教学改革，教师可以借助先进的信息技术进行电子信息备课，不仅方便教师进行教学资源的储存，同时还有助于教师将行业专业用途英语的最新发展信息进行备课资源的更新，从而保证专业用途英语教学知识的前沿性。

2. 培养学生的自主学习能力

职教本科院校更侧重对学生实践能力和自主能力的培养，因此课程教学改革必须坚持将学生的自主学习能力培养放在重要位置。学生自主学习能力培养有助于不断提高学生的专业技能和终生学习行为的养成，因此对教师的教学能力也提出了更高的要求。在信息化时代背景下，引导学生借助自媒体平台进行专业用途英语知识的自主学习，不仅可以帮助学生了解更多的专业英语知识，同时也有助于学生自主学习行为的养成，对于学生的专业发展产生深远影响。

3. 构建线上线下混合式教学模式

课堂教学是学生获取专业知识的重要途径。在信息化时代背景下，自媒体平台技术的发展为学生的专业知识学习开辟了新的途径。英语教师要充分利用信息技术发展的优势为学生自主学习创建网络课堂。构建线上线下混合式课堂是当前高等教育发展的重要方向，有助于深化专业用途英语知识的学习，兼顾学生的学习兴趣，在网络课堂中提供海量可供学生自主选择的学习资料，最大限度地开发学生的学习思维，扩大学生专业英语知识储备，提高学生的英语综合能力。

4. 践行以学生为中心的教学思想

在传统的教学设计中，教师是课堂教学活动的主体，学生处于被动接受的地位，师生关系的本末倒置影响了学生学习知识的积极主动性。借助信息技术构建新型课堂教学模式，重新确立学生英语学习的主体地位，教师变成课堂学习活动的组织者和引导者，对学生的英语学习活动进行问题答疑和点评，充分调动学生专业英语知识学习的主动性，通过小组协作的方式进行知识的建构和理解，小组学习成果的展示是对学生英语口语能力和英语专业知识掌握程度的重要考查方式，有助于教师对教学内容和教学进展进行总结和及时调整。

四、信息化背景下职教本科专门用途英语教学模式

教学模式是在教学思想指导下建立的一种较为稳定的教学活动框架和结构程序。专业用途英语教学模式是一种稳定的教学结构框架，以建构主义和信息技术理论为支撑，将专业用途英语等诸多要素进行组合，从而使学生特定专业领域英语能力得到提升。

1. "双师型"教师队伍建设

职教本科院校进行专门英语教学离不开优秀的师资队伍，因此加强"双师型"队伍建设成为首要任务。首先，高校要实行"工学结合"的模式，不断提高英语教师的专业知识水平，积累相关行业经验。院校要定期派送教师深入行业一线，熟悉不同岗位的工作流程和英语使用场景，通过真实工作环境明确学生岗位所需的英语专业知识。其次，高校要对教师进行分层次培训。"双师型"队伍的培训和建设需要坚持理论和实践相结合原则，确保培训内容可以促进教师英语专业知识发展，从而促进学生学业进步。最后，学校也可以从企业中聘请相关高级管理人员和企业家担任学校的客座教师，使学生和企业之间实现近距离接触，明确企业对人才的真正需求。不管是校内专任教师还是企业客座教师，学校都要加强教师队伍的信息技术能力培训工作，不断增强教师的教学信息化创新能力，保证"双师型"队伍教学能力的提升，进而全面提高教师队伍的整体教学素养。

2. 课程教学目标设计

专门用途英语教学目标的设计需要从目标情境教学入手，保证教学内容的实用性。首先，掌握基本的语言知识和技能是专门英语运用的基础。教学只有使学生掌握基本的行业英语知识，才能保证学生在岗位上使用流利的英语进行沟通和操作。其次，教学目标设计要帮助学生明确自身和岗位需求之间的差距。教学目标是为了实现一定的教育成效，因此教师在教学目标设计中需要帮助学生对自身知识储备有明确的认识，才能帮助学生在专门英语学习中掌握知识难度和调整学习方法，不断缩小个人知识技能与岗位需求之间的差距。

3. 项目化教学推进

在专门用途英语教学实施过程中，教师要借助多媒体技术进行项目化教

学，不断提高英语教学质量。教师要把专门用于英语学习的任务交给学生，借助信息化技术为学生创建相关的岗位场景，让学生进行自主学习和帮助学生进行英语专业知识建构。学生通过网络在线学习平台搜集相关英语材料，小组成员对课程主题进行研讨学习，然后寻求问题的解决方案，在这个过程中培养学生的团队协作能力和实际操作能力。最后，小组通过运用多媒体在班级上进行成果展示，不仅可以锻炼学生的英语口语，同时还可以观察学生对专业英语知识的掌握程度。信息技术的引入可以构建新型的师生关系，教师和学生之间可以进行有效的互动交流。同时，教师也可以通过信息平台监控到不同小组的学习进展和存在的问题，进而调整教学计划和教学内容，实现英语课程教学质量的不断优化。

4. 考评体系完善

完善专业用途英语课程的考评体系，有助于深化英语教学改革的进程。在信息化背景下，构建多维度的英语考评体系对提高教学质量具有至关重要的作用。形成性考评体系注重学生英语学习过程的评价，实现了学生自我评价和相互评价的统一，对保证学生考评结构的公正性和客观性起到了重要作用。借助现代化信息技术，英语教师除了借助形成性评价考评外，还可以通过项目展示、网络教学反馈和在线调查问卷等形式，对学生的英语学习情况进行数据统计和分析，从而更好地服务于专业用途英语教学改革实践活动。

信息化技术发展为高等教育提供了便利，同时也对高等教育变革提出了新要求。职教本科院校作为高素质技能人才培养的重要基地，英语教师要积极转变教育理念，不断完善专门用途英语教学目标，借助现代信息技术创新英语教学模式和完善学生考评体系，以此提高专门用途英语教学质量，引领职业教育发展的新趋势，为经济社会发展输送合格的高素质人才。

第三节　本科职教化背景下的高职教育升级趋势

2014 年 6 月 22 日，国务院发布了《关于加快发展现代职业教育的决定》（国发〔2014〕19 号，以下简称《决定》），以这一纲领性文件为标志，我国现代职教体系建设迈开了具有历史意义的步伐。值得注意的是，《决定》提出了"采取试点推动、示范引领等方式，引导一批普通本科高等学校向应用技术类型高等学校转型，重点举办本科职业教育"。对此，论者多将其解读为本科教育向职教教育过渡，并以此为前提要求高职教育顺应大局、因势而动，尽快进行形态转化，应对本科教育在吸纳生源、办学实力等方面所带来的强势冲击。笔者认为，勿论前述命题的真伪与否，置身于科技革新风起云涌、产业升级稳步向前的当下，高职教育都有必要立足长远，除旧布新、走过拐点，主动推进自我更新与自我完善，而非被动应对、待命而后行。笔者认为，从目前的发展现状与基本情势来看，高职教育的升级趋势主要体现在以下四个方面。

一、人才培养：由纵入横、理实并重

长期以来，高职教育的人才培养目标被设定为能够适应经济社会需要、掌握基础理论知识、具备一定的技术，应用能力强、素质结构合理、知识面较宽的劳动者（《中共中央国务院关于深化教育改革全面推进素质教育的决定》，以下简称《决定》，1999 年 6 月 13 日）。

围绕这一目标，高职教育体系建立并运行着以应用为主旨的课程和教学内容体系，强调培养目标"与实际劳动者结合"，实现学校毕业与社会就业的快速对接。可以说，这一界定在客观上突出了高职教育人才目标的社会性并取得了良好的综合效益。但随着社会形态，尤其是社会交际形态的重心转移与层次提升，现行的人才培养模式有理由进行改良，其主要方向有二：一是培养对象的知识架构从之前的专业精良、兼顾其他（即所谓"T 型"人才）转向取消专业界限，本专业外的技能亦需加以掌握并熟练运用。换言之，专业教学即将越发淡化专业属性，除专业内容的传授外，高职院校必然要通过调整课程数量、教学结构等途径有效实现人才培养模式的多样性、跨学科性，尽可能多地"出产"多专多能、术业专攻的优秀毕业生。二是在培养过程中科学、合理地处理人才的理论水平与实践能力的分配比例，力求大幅提高培养对象的知识技能融合度。一般而言，综合性本科与职业类专科作为教育形式的显著差别和重大特征在于，前者突出受教育者的"通识力"（university），而后者凸显受教育者的"执行力"（execution），两者之间的隔膜尽管可感，却并非泾渭、不可逾越。对于高职教育来说，正视差异、发挥原有优势才是正途。有鉴于此，高职教育应在继续推行顶岗实习实训为代表的实践性教学模式的同时进一步采用诸如多轮教学法、翻转教学法等具体方法来增强人才培育的在场感，在实践操作的第一线锤炼学生的技能，促使他们将专业知识与工作中的切身体会相结合以形成真正的合力，满足新形势对新型人才提出的迫切要求。

实际上，由纵入横、理实并重的人才培养宗旨与实践在部分发达省份的高职教育体系中业已得到重视与推广。以江苏省为例，该省省内的公立高职院校共计 79 所（2014 年），尽管学校（院）承担的职业教育方向有所不同，但各校的理论课教学与实践课教学比例（课时数）在过去三年则呈现同样的趋势，即围绕行业准入条件设置教育教学模块，促使理论教学让位于基于理论的现场教学，教、学同步，以学促教。这一举措取得的效果颇令人鼓舞，以江苏畜牧兽医职业技术学院、苏州工艺美术学院、盐城卫生职业技术学院等十余所院校为例，这些院校基本达到了实践教学全学时覆盖，极大地缩短了毕业生向产业劳动者转化的周期，实现了高职教学社会、经济效益的最大化，其成功经验值得借鉴。

二、师资建设：突破界限、专通一体

高职教育的现代化转型离不开高质量、高素质的师资力量的倾力参与。为此，高职院校多利用校企合作等社会化平台建设数量可观的教师工作站即校企共同设立的、促使理论知识与经济发展协调共进，同时强化教师实践能力的研修场所，有利于打造知识实践双优型的师资队伍，夯实人才培养的基础。诚然，这一做法合理有效，然而，从精益求精的目的出发，对这一做法的优化迫在眉睫。其理由在于：首先，教师工作站因企业自身限制，吸纳受训教师的能力极其有限，师资培养效率相对低下；其次，教师工作站的知识发布与更新受限于企业保守机密等要素，未必能达成师资培养的预期目标；最后，就高职院校内部来看，教师进入工作站的学习履历一旦被列为职称、待遇考评系统参数，则会反过来形成新的不公，致使工作站的运行受到干扰、非议，继而枝节横生。因此，与其将师资培训的着眼点一味向"外"看，不如在沿用工作站的同时，丰富师资培训方式，多向"身边"看、"周围"看，打破校企之间、学校之间、系部之间的天然界限，加强不同范围内的校际合作，互通有无、协力共进。以安徽省示范性高等职业院校合作委员会（简称"A 联盟"）为例，这一职教联盟于 2009 年 5 月成立，由芜湖职业技术学院、安徽职业技术学院、安徽水利水电职业技术学院等9所省内高职院校组成，秉承"交流、合作、开放、引领"的指导思想，合力构建安徽省示范院校交流与合作平台，在开放办学、优势互补、互惠互利、资源共享的架构下开展常规工作，利用教师互派、讲学等方式协力培育优质师资，推进了校际的师资交流，为省内的高职师资建设树立了标杆。

打破界限的第二重表现是，教师本身要突破专业背景限制，拓宽专业视野，于本专业之外的其他专业方面有所建树。换句话说，那就是"双师型"师资必会向"多师型"转化。对于教师个人来讲，固守专业训练所产生的知识、技能积淀无可厚非但故步自封、对专业以外的知识图景惘然无知则难辞其咎。如前所述，纵横兼具、理实皆重的人才得以诞生的源泉在于触类旁通、兼容并包的教师。"一本教材打天下"的心态理当弃若敝屣。江苏省部分高职院校在这一点上走在前沿，它们鼓励广大教师走出教室、走向行业前沿，一些院校出台政策、筹集资金、募集人员，帮助教师搭建合作团队并在此基础上创办经济实体，将自己具备的多样化的专业技能和研究成果转化为经济效益。以服务市场为宗旨，在商品经济的环境中陶铸师资，待其成熟后反向吸收在校生参与实体的运营与发展，促使师资培养、人才培养同步并行。这样一来，师资的可持续成长从蓝图变为现实，并被赋予了长盛不衰的增值潜力与动力不竭的增殖能力，可谓一举多得。

三、专业调整：消除门户、交叉贯穿

专业设置是高等教育实现人才培养的关键性环节之一。高职教育在专业设置这一领域经历了从计划到自主的历史性变迁。随着国家管理教育的形式、思路日趋多元，高职院校在开设、调整专业的过程中越来越重视就业市场等客体要素的引导性作用，通俗地说，就是用人单位需要什么样的劳动者，学校就以类似于订单加工的方法致力于培养什么样的劳动者，并围绕"订单"培植相关专业、配给相应师资。可以说，这一办法体现了高职对市场经济规律的尊重。但仅仅尊重还是不够的，用人市场的变幻莫测与盲目冲动必然会在一定时期、一定范围内使高职院校难以招架、手足无措，企业向高职院校大规模"退单"的现象便是证明。显然，应对前述"毁约"需要高职教育在专业设置上摒弃单一性、狭隘性，获得广博性、综合性。

这里有必要厘清一个观点，专业设置消除门户之见并不是指在某一专业的开设过程中插入其他专业的某些基础知识，供学生对其进行大体上的认知。具有建设性的专业设置至少应具备多专业互动、辐射的特征，采纳诸如拼盘式的授业考核的教学模式，进而集中各专业的优势力量，发挥学生接受职业教育的自主性。也就是说，高职院校摒弃唯企业用人"订单"马首是瞻、一味逢迎的既往情态，在充分调研就业市场、兼听博采各方意见及建议之后，将自己的培养对象奉为上宾，为其开列符合时代要求、具有核心竞争力的专业"订单"，供其采撷、为其所用。这里不妨以安徽亳州某职业技术学院为例，该校在 2010 年进行了一次大规模的专业调整，在裁撤弱势专业的同时，以服务"药都"长期发展为突破口，克服专业开设的跟风心态与短视举动，在兄弟院校扎堆设立医学专业并不得不与本科院校的医学专业针锋相对的区域性背景下，独具慧眼、扬长避短，别出心裁地增设了传统中药学专业，适时填补了本地及周边地区对技能型药学人才的巨大缺口，最终该专业在招生、人才培养、毕业生就业等方面成果斐然，成为同类职业院校专业设置的成功典范。类似的案例还有江苏省医科职教集团下辖的成员院校。这些院校及时捕捉到了社会老龄化整体加剧亟须提升社区医疗服务质量这一时代主题，联手促生临床理疗、病患看护、老人托管等全新专业，将职业教育延伸到非职业教育难以企及或未加发掘的角落，生根发芽、开枝散叶、收获硕果。实践证明，它们的努力既实现了职业教育回馈社会的首要功能，也展现出职业教育形态的高度可塑性、变通性，对其他职业院校有启迪和借鉴作用。

四、资源调配：集中优势、灵活重组

资源重组是高职教育创新的本质所在。近十年来，职教集团的组建与合并事业方兴未艾，以往的单个职教院校通过教育主管部门牵线搭桥，以某个特定行业归属为结合点，寻求多个院校在师资培养、合作办学、校企平台共享等领域达成密切的联动关系。以江苏省为例，截至 2014 年 12 月，该省现已拥有交通职教集团（常熟）、农林职教集团（句容）、纺织职教集团（南通）、轻纺职教集团（苏州）、旅游职教集团（南京）、地质职教集团（连云港）等共计 17 家职教集团。这些职教集团的运作模式大同小异：成员单位通过协商、投票，选取其中一所能够引领行业发展、办学优势明显的高职院校为常务主席，接着构建联席会议制度，定期商议重大事务，平等议事、优势互补、彼此提携，以合力谋共赢、以合作求发展。值得一提的是，当职教资源从较无意识的游离状态走向较有意识的化合状态时，其迸发出的能量绝不容小觑。以农林职教集团为例，这一集团自2007年成立至今，已在成员关系稳定、合作框架坚实的基础上以资金入股、人员入股、技术入股、利润共享、风险共担的形式成立了大小公司、企业二十余家、农林产业园两处，广泛开展农作物种植、病虫害防治、水土改良、农机引进与制造、农业市场拓展指导、农业后备人才培训等业务，实现年均产值2.15亿元（2010—2013年），在省内各职教集团中首屈一指。

世无常法，亦无定法。应该说，集团化只是高职教育资源整合的有效途径而非必由路径。缺乏主见的"山寨"、无视现实的抄袭只能导致"橘生淮北则为枳"现象的发生。灵活多变、因势利导才是题中应有之义。不可否认的是，现代职教体系的构成因子注定是复杂多样而非呆板单一的，资源的整合有机、灵动需要参加者认真思考、慎重抉择、量体裁衣，断不可为整合而整合，到头来"同床异梦"、重复建设，反致资源空耗、闲置乃至浪费。沿着集团化的思路继续延伸，我们还能提出这样的构想，那就是以高职院校为核心，以类似于股份制的管理制度吸引各种社会资源的参与和投入，并以此协调各方利益，将职教集团的社会性与开放性最大化，使其从平面形态升级为网络形态，演化为主客同台的命运或利益集合体，达到校企之间、学校之间、职教与非职教之间的互惠、互利、互荣，切实践行《决定》所倡导的"引导支持社会力量兴办职业教育"与"鼓励多元主体组建职业教育集团"的战略性提法，为后续的革新与演化开辟道路。

随着教学改革的不断深化，高职院校的英语师资团队建设蓬勃发展，英语教学能力大幅提升，教学手段日益丰富。作为一种新形态的现代化教育，信息化教学是一个互动、整合与实践的过程，用多媒体以及信息网络来辅助教学，符合新时期教育的发展趋势。对于高职英语教学来说，更应全面提升现代化教学手段，更新教学理念和内容，体现出以人为本的语言应用服务机制。但信息化的不断普及催生新的问题，高职院校如何抓住信息化教学改革的机遇进一步提高英语教学质量？如何做好教师间团队分工？如何做好英语教学信息的获取、传递、利用？信息化教学团队的建设迫在眉睫。

第七章　数智时代高职英语教师的信息化教学

第一节　高职院校进行的英语教师信息化教学团队建设

就现阶段我国高职院校英语人才培养现状而言，学生语言的综合运用能力有所欠缺，教师在重视程度上尚且不足。很多教师仍然采用传统的"满堂灌"和"填鸭式"教学法，使原本就复杂的语言学习更加枯燥无味，这与信息化教学的宗旨和目的是相互背离的，不仅削弱了学生学习英语学习的积极性，也影响了教学质量。建设高职英语信息化教学团队对于提高师资力量，促进教育发展具有重大意义，也是发展的必然趋势，目前已得到教育界的广泛认可。因此，各高职院校应结合自身实际，更新教学理念，加大信息化设备投入，在有效范围内提高学生的英语综合水平。

近年来，我国教育部大力弘扬教育信息化，使其不可避免地渗透到高职教育的各个领域和环节，这为高职英语教学信息化改革提供了良好的前景和平台，很多院校纷纷建立局域网和多媒体、微信互动平台，为英语学习提供了全面又个性的教学服务体系，也为信息化教学的发展打下了坚实的物质基础。

当前，各类院校已经建成了较为完善的英语教师教学团队，但各个教学团队间的联系和互动不够密切，团队之间交流较少，教学经验分享不足，很大程度上造成了在师资团队建设过程中人力的浪费、智力的浪费、教育资源的浪费。高职院校建立英语教师信息化教学团队能够对学生进行针对性培养，根据学生的专业对口方向、个人学习特点，再结合实际情况进行英语教学，有助于英语教学质量的提高。信息化建设能够密切各院校之间联系，密切师生联系，从而更好地提出教学方案和改进方法，进一步提高高职院校英语教学效果。

一、高职教师成长环境现状

从教育生态的视角来看，环境在教师的成长过程中起非常重要的作用。在高职院校普遍重视管理工商专业发展的当下，我们来探讨生存空间日益缩小的教师的成长环境具有很强的现实意义，它能使教师在困难中坚定信念，找到适合教师专业发展的新路径。笔者分别从个人环境、学校环境和社会环境3个层面来阐述。

（一）高职教师成长的个人环境

高职教师大多数个人素质高，但是缺乏行业从业背景。高职教师大多数从普通高等院校毕业，所修专业主要是外语语言文学、应用语言学、翻译，部分教师未受过师范教育的专门训练，也没有行业从业背景，直接进入高职院校担任教师。教师们普遍外语文学素养高、语言功底扎实。

入职后学校一般都会提供教育学、心理学的短期培训以便教师能够获得教师资格证以及快速适应教师工作状态。高职教师大多为女教师，从传统的观点来看，对家庭承担的责任重、对家庭付出的比较多，从而影响了投入职业发展上的时间和精力，压缩了职业发展的空间，对家庭情感的维护在一定程度上也影响了自己的职业规划。

如今的高职院校多数是由中职、中技或者成人院校升格而来，学校原来的教师多数学历不高，为适应教学及职业院校发展的需要，一些教师在教学之余进修提高，多数已经获得硕士学位，其中的艰辛付出更加坚定了教师们的内在信念。而新入职的年轻教师一般都是硕士研究生以上学历，他（她）们都怀着美好的心愿投入职业教育的洪流，却不料与自己想象中的大学差距较大，比如职业院校多数重视理工商科的发展，对语言、人文类等学科重视不够，外语学科被边缘化，教师自身的内在信念也在发生动摇，这种内在的信念会处处体现在教学育人的诸多过程中。

尽管如此，大家对教师的职业认同还是持有较积极的态度。高职院校教师缺乏归属感。由于高职教育快速发展，高职院校教师的需求量连年增长，而事业单位进入都有编制的限制，单位编制的增长和教师人数的增长产生了矛盾，很多新进教师属于非编人员，尤其是教师。在编和非编的待遇存在差距，所以引发了同工同酬的呼吁，教师期望能够打破在编和非编的界限，提高非编教师待遇，增加非编教师收入，提高教师归属感，稳定高职教师队伍。

(二) 高职教师成长的学校环境

随着时代的发展，教学环境日益得到改善。如今高职院校的教学实体环境总体较好，比如多功能语音室、多媒体课室、各种教学软件等。但是高职教师多数要承担全院公共外语的教学，所以日常的教学工作量比较大，备课、教学负荷重，有时候会对自己的职业发展产生影响，比如教学和科研之间的矛盾、教学和日常生活之间的矛盾，随着时间的推移会产生职业倦怠感。

随着国家对高职教育的日益重视，教育管理部门也意识到高职院校科研的重要性，科研项目较以前有所增加，科研经费的支持力度也不断加强，但是由于外语学科在高职院校被边缘化，在科研申报方面常常处于弱势地位，科研申报的成功率较其他学科低，严重影响了教师们的科研兴趣和热情。

高职教师精心撰写的论文发表困难，一方面是教师本身的科研经验和教研理论的欠缺；另一方面与很多期刊歧视高职院校教师有很大关系。

高职院校中行政化倾向比较严重，管理人员官本位思想较严重，没有树立清晰的为教师和学生服务的意识，个别管理人员把教师视为管理和监视的对象，不了解教师的需求和实际困难。教师从心理上难以认同部分管理人员的工作作风和教育管理措施，影响了学校正常教育管理工作的执行，也造成了教师和管理人员之间的矛盾。教师与教师之间是竞争中相互理解、共同提高的关系。

教师与教师之间历来就存在竞争，不过由于都属于高知人群，这种竞争隐藏在和谐相处的背后。但是有些与教学相关的内容相互之间还是有许多交流和共享，比如说课比赛、讲课比赛、课堂经验交流、教学资源的分享等。

在科研方面，有共同兴趣和研究方向的教师会自发地组织起来一起申报课题，共同探讨研究的主题，分工合作撰写课题申报书，一起外出调研，组织实施课题的各个项目。高职教师与学生相处融洽，但对于学生的厌学却力不从心。高职学生的外语水平整体较差，学生的学习积极性不高。但是由于外语课堂许多老师能够中西结合，授课生动活泼，也有较强的趣味性，所以课堂气氛比较活跃，师生之间关系和谐。学生课后很少复习，所以外语教学的实际效果差强人意。

（三）高职教师成长的社会文化环境

国家的教育政策对于教师的择业观、教师的专业发展影响很大。近十多年来国家重视高职教育，对高职教育的支持力度不断加大，高职院校地位的提高吸引了很多硕士、博士、行业技术能手投身高职教育行业，吸引了大批优秀人才，外语学科的新进教师基本具有硕士及以上学位，提高了教师的整体素质。

如今，高职教育强调学校要增强学生的实际运用知识的能力，所以对师资提出了新的要求："双师"素质教师，多数没有行业背景的高职教师正在积极地参与顶岗实践，但目前的困境是缺乏顶岗实践的平台。

国家为了提升教师素质，建立了强师工程项目，国培、省培、市培项目相继上马，力度不可谓不大，有些改革受到了教师们的欢迎，有些却是为培训而培训。教师普遍认同教学改革，但是改革总是自上而下，缺乏规范的调研和论证，教师话语权缺乏。教师的微弱呼声几乎被淹没，教师的需求被搁置，所以较难达到最终的改革目的。

教师自古以来就是一个比较受人尊重的职业，所以社会对教师的期望值较高，教师普遍给人的感觉是开朗、西化、洋气、知识面广，教师常常在自我发展和社会期望之间找平衡点。

二、高职院校英语教师信息化教学团队应当具备的特点

（一）沟通协作

信息化的一个要义就是密切高职院校英语教师之间的联系，通过促进教师与教师之间交流、教师与学生之间交流，深化相互之间的了解程度，进而推动教师之间教学方法的改进，以及课堂师生互动方式转变。另外，需要高职院校内、外部英语教师加强协作，从而培养教师之间合作意识。通过合作备课，提高备课质量；通过相互学习，改进每位英语教师各自的教学方法；通过合作教学，提高课堂内容质量，进一步促进英语课堂效率的提高。

（二）科学创新

首先，科学精神，教师团队的科学精神更多的是指治学严谨的教学理念，信息化教师团队建设后，教师获取的教务信息较多，容易存在良莠不齐的问题，教师要具备一定的甄别能力，选择最适合现阶段英语教学任务的信息作为备课基础，必须具备治学严谨的态度，因此英语教师信息化教学团队需要具备的第一个精神就是科学精神，要尽一切努力为学生提供最优质的教学资源。

其次，创新精神，即教学理念的更新、教学方法的创新。教学团队信息化之后教师能够了解其他院校的英语教学相关教学理念和方法，通过参考、借鉴的方式反思自己在英语教学过程中的不足，然后提出改进方案，进而更新高职院校英语教学的理念和教学方法。

（三）持续实践

高职院校的教学内容不同于一般的本科类院校，高职院校有更加针对企业实用的特点，因此其英语教学要具备较强的社会实践性，即教学内容要针对学生专业对口企业的需求，高职院校英语教师要利用信息化团队优势善于捕捉这类信息，然后有针对性地备课，提高高职英语课堂效果。

在保证实践性的基础上还需要稳定持续性，高职院校英语教师信息化团队建设的稳定持续性包括两个内涵。①团队信息化建设的持续性。高职院校英语教师信息化团队建设并非一蹴而就的事情，且其效果展现也有一个较长的周期，因此在信息化团队建设过程中需要有一定的耐心和信心，保证信息化建设持续进行。②实践性特征的稳定持续性。

高职院校的特点需要不断为企业提供可以信赖的服务型人才，这就要求英语教学要有针对性，高职院校英语教师要利用信息化团队资源开放的特征，开辟更广阔的英语教学资源平台，推进企业服务型人才培养。

三、高职英语教师信息化教学团队建设方案

（一）对教师进行信息化技术培训，提高教师相应的信息技术水平

对高职英语教师进行信息技术培训是进行英语教师信息化团队建设的基础工作，教师具备一定的信息技术是建成信息化团队的基础条件。高职院校

英语教师个人教学能力不存在问题，能够通过交互式英语教学完成大部分教学任务，但是在信息化团队建设需求下，教师则显得力不从心，教师个人的信息技术水平较低阻碍了教师团队的信息化建设进程，因此针对高职英语教师开展的信息技术培训极为必要。主要培训内容包括办公软件，尤其是PPT的使用技术，以及其他视频、音频编辑软件。主要目的在于提高英语教师自主制作课件的能力，课件是通过计算机等电子设备依靠信息技术而完成的课程主要内容的集合，是信息化时代教学的主要手段之一。高职院校还需要对英语教师进行其他移动设备使用技术培训，主要是以手机为代表的移动设备，旨在加强英语教师对相关聊天软件的使用效率，如QQ、微信等，通过这些软件可以随时随地进行教学总结、教务讨论等工作，也是信息化教学团队建设的主要内容之一。

（二）建立更加广阔的资源共享平台

英语教学只局限于课本是无法达到实用性和应用性的，因此在建设信息化教学团队的同时应当扩大网络教学资源信息平台，实现院校之间、教师之间教学资源的共享。主要包括教学课件共享、教学音视频共享、教学英语文本共享三大信息模块。

利用信息化团队优势，做到最高效率的教学资源共享和交流借鉴工作，能够有效规避其他高职英语教师在教学过程中出现的失误，并且可以通过教学经验借鉴改进自身的教学方法、丰富教学内容。在建立更广阔的资源共享平台的同时应当完善教学资源数据库的管理方案，对英语教学信息资源平台进行分类管理，主要分为三个模块，即课前备课资源、课中授课资源、课后练习复习资源。并完善用户登录系统，方便教师和学生调取、使用各类英语教学、学习用资源。

（三）利用信息技术加强外界交流

信息化团队具有开放性特征，这就要求一个合格的英语教师信息化教学团队必须建立在和外界的密切交流之上。首先，校际交流。各院校的英语教师应当在竞争中合作、合作中竞争，通过互相借鉴、学习来改进自身的教学方法、丰富教学内容。而信息化团队建设能够缩短校际距离，使教师之间的交流变得更加便捷，高职院校英语教师应当合理利用信息化团队这一特点，促进相互之间的交流协作。其次，校企交流。信息化教学团队不能故步自封，应当不断获取外界实时信息，尤其是高职院校各专业的对口企业的供职信息，根据供职指标，调整教学内容，使学生学习的英语课程更加针对对口企业需要，为学生未来考虑。条件较为优越的高职院校，可以在多媒体的基础上引进双向播控技术，实现校企之间信息的交流与反馈。最后，国际交流合作。扩大信息化团队的优势，通过广泛获取国际交流合作信息，积极参与国际教学交流合作，一方面可以提高教师自身的英语语言使用水平；另一方面可以借鉴并引进国外先进的教学理念对高职院校自身的教学理念进行补充和改进，进而推动高职院校英语教学质量的提高。

（四）提升自身素质

高职英语教师信息化团队建设除了要注意开发利用信息技术的优势之外，还应做好自身专业素质的培养和提高，教学归根结底还是依赖于教师个人的教学技能素养，信息技术只是进一步提高教师教学水平的手段。目前，多元化的教学手段和学习工具不断涌现，教师只有与时俱进，不断提升自身素质，加快英语教学与信息技术相结合，才能使信息化教学团队发挥最大优势。

（五）将面授教学与网络学习相结合

高职英语教师可以创造性地将面授教学和网络学习中各自的优势融合起来，做到优势互补、资源共享。教师为本班级的学生建立一个网络自主学习平台，并在主页上发布本章节的目标要求、重点、难点、学习资源链接等，提倡学生发挥主动学习、积极参与的精神，不断提高语言的应用实践能力。这既方便了学生提前预习，也有助于培养学生自主学习的良好习惯。同时，学生可以就不懂的问题在平台上提问，将自学与思考相结合，方便教师了解学生学习进程，能够在课上有针对性地答疑解惑。

信息化团队建设能够很好地解决高职英语教师自身在教学中的局限性，在整合现实和网络两种教学资源时不能忽略主次，应当以现实资源为主，网络信息资源为辅展开教学任务。高职院校应赶上时代的发展脚步，更新教育理念，丰富教学手段，以信息化带动英语教学发展。对于如何更好地发挥高职院校英语教师信息化教学团队的优势，还需要很长时间的探索，在此期间不能盲目学习，并非成功的教学方式就是最好的，适合自身情况的才是最好的方式。

第二节　课程建设中的英语教师队伍建设

一、高职英语教师师资队伍建设要遵守基本原则

英语师资队伍的建设直接影响高职英语课程教学改革的实施及人才培养目标的实现。根据《高等职业教育英语课程教学要求》对高职英语教学及英语教师提出的新要求，以及目前高职英语教师队伍的现状，新形势下，高职英语教师师资队伍建设要遵守高职高专英语教师师资队伍建设的基本原则。

二、课程建设必须注重英语教师角色的重构

随着网络的快速发展，基于网络的各类教育蓬勃发展，各级各类学校充分利用多媒体网络资源进行教育教学改革且成效显著。有关网络环境下的教育教学研究也成为研究热点，网络教育在教学研究中的应用越来越受到国内的高度重视。网络教育的发展对教师提出了新的要求，专家学者意识到教师角色在现代教育教学环境下的重要作用，也对此展开了相关研究。目前，国内外研究均认为，网络环境下的教师角色不是传统的、以教师为中心的、单一的、单向的知识传授者，而是要适应现代信息时代的、以学生为中心的、动态的、多元化的知识引导者。2006 年，中国外语教育研究中心"十一五"规划的专家们提出了"网络环境下的英语教学：教师角色研究"。在建构主义理论的指导下，从知识构建与反思性教学的角度，尝试对高职高专教育英语教师的角色重新定位。网络教育是指在网络环境下以现代教育思想和理论为指导，充分发挥网络的各种教育功能和丰富的网络教育资源优势，向教育者和学习者提供一种网络教和学的环境，传递数字化内容，以增长学习者的知识和提高学习者的能力为目标，开展以学习者为中心的非面授教育活动。

三、英语课程建设教师队伍建设得到明显提升

高职院校修订课程标准，优化教学内容，改革传统的教学方法、教学手

段，注重整体教学改革的布局和调整，使理论课教学和实践教学各成体系。根据总体改革思路，按照"边建设、边实施、边提高"原则，高校将"顶层设计"和"管理落地"有效衔接，建立校企共同参与的课程建设和质量监控体系，对教师进行深度培养。

通过课程改革，师资队伍建设得到明显提升。在建设期，教师的思想进一步解放，观念发生改变。"引、聘、训、评"的封闭培训系统得到进一步落实，摆正了自信与自知的关系。教师的教学能力和水平得到进一步加强，有效促进了专业建设、课程建设、人才培养质量的提升。

项目管理、质量意识、绩效考评、创建理念、品牌效应得到强化，推动了英语教师队伍建设，锻炼了英语教师队伍，注重特色，提升实力，为教师可持续发展奠定了坚实基础。在这个基础上教师要保证自己担负的课程按照现代职教理念进行设计，组织和实施以学生为主体，知识、理论、实践一体化的课程，并把实施落实到课堂上，落实在实训环节。要保证实施的成效，学校就要制定课程设计、测评、实施标准，不要一味地强调改革，而要提供考核标准和评价方法。

教师队伍建设的内涵式发展关键在教师。2009 年，笔者学校开展了青年骨干教师培养工程，骨干校期间笔者学校形成了"引、聘、训、评"的教师培训系统，近期又进行了新教师培训。这些工作和载体对教师的培养提高起到了一定作用。下一步我们要树立从"教师培训"转向"教师发展"的理念，以适应高职教育内涵提高的转变，要把教师发展贯穿教师职业生涯全过程。通过对教师发展的整体性思考和操作性设计，对不同岗位、不同年龄、不同性别的教师制订个性化培养计划，形成分级、分类、分阶段的模块化的培训内容以及可选择的培训方式，有效促进了教师能力的提升。

高质量的师资队伍是教学质量的保证，公共英语师资队伍是高职院校教学的重要组成部分，因此，高职高专公共英语教师队伍的建设意义非比寻常。通过骨干院校建设，从教师队伍建设和教师自身完善两方面探讨公共英语师资队伍建设的方法，极大提高了师资队伍水平。高等职业教育的目标是培养技术型人才、高等专门人才、高等技术应用型人才，是我国高等教育的重要组成部分。高职院校教师是办好高等职业教育的主体力量，是发展我国高等职业教育事业的关键。

四、加强高职院校大学英语师资队伍建设的措施

1. 拓宽师资来源和培训渠道，改善师资队伍结构，提高科研能力

（1）加大英语教师引进力度。各高职院校每年要划拨一定的专项经费用于引进高学历、高职称的英语教师，不但使英语教师数量增加，而且提高高学历、高职称教师比例，使教师队伍结构趋于合理化。

（2）积极寻找和创造卓有成效、多样化的师资培训渠道与方式。高职院校应重视和加强英语教师的教育与培训工作，有计划地选派德才兼备的中青年骨干教师到国内外高等院校深造和学习，攻读相关学位，逐步提高学历和职称。建立健全教师进修培训机制，在不影响正常教学的情况下，加大培训力度，拓宽培训渠道，丰富培训方式，扩大对教师的培训面，提高教师学历层次、知识结构和科研能力，实现教师队伍整体水平的提高。

（3）鼓励英语教师到基层企业锻炼。高职院校应鼓励教师定期到基层企业实习锻炼，熟悉其运作环节，获取最新的市场信息。鼓励英语教师去公司做外销员、商务师、导游、翻译等，提高整体素质，适应市场需要和高职教学的发展要求

（4）加强兼职教师管理。对兼职英语教师建立相应的考核机制，建立外聘信息网，保持兼职队伍的相对稳定性，缩短教学磨合期，弥补本校教师队伍的不足。定期从有关行业、企业、院校等社会部门聘请既有实践能力，又有较高理论水平的高素质教学人才，从而迅速建立一支以专职教师为主、专兼职教师结合的高职英语教师队伍。

（5）设立专项基金，培育科研队伍。设立专项基金，鼓励教师从事相关教学研究，是高职高专教育深化改革的需要。教师要做到善教书，会科研。学校可建立相应的考核机制。对于市级以上的科研项目，可设配套奖励与资助，为提升教师的科研能力创造条件。同时，高职英语教学界也要加强横向联系和交流，营造良好的学术研究氛围，力争造就一批高职英语教育专家和大师。

2. 转变教师教学观念，提高教师自身素质，改革课堂教学模式，更新教学手段

（1）确立正确的教学指导思想，转变教学观念。英语是一门语言工

具，它的主要功能就是让人们用来交流思想，表达意念。正如吕叔湘先生所说，"学习语言不是学一套知识，而是学一种技能"。所谓语言技能，就是运用语言的能力，通常指的是听、说、读、写、译等能力，更准确地说，就是言语能力。因此，英语教学不单纯是知识的传授，而应从跨文化交际这个角度来培养学生使用语言的能力，满足职业岗位的需求。面对英语教学要适应经济、社会需求这个新形势、新任务，广大教师首先要以转变教育思想观念为先导，进一步提高以就业为导向的高职教育的认识，树立高职特色的人才观、质量观和教学观；坚持以提高人才培养质量为目的，以培养技术应用型人才为主题，进一步明确英语教学改革的指导思想。要打破传统的以传授知识、应付考试为目的的教学模式，建立以职业需求为导向、以能力培养为中心的新的教学体系。坚持以"必须为主，够用为度"原则，学生学一点，会一点，用一点，边学边用，使英语教学改革具有高职教育的特色。

（2）丰富教师自身知识，提高教师自身素质。教师应该努力提高自身的业务素质，掌握一些相关学科，如语言学、心理学、教育学、第二外语以及历史、地理等知识，不断充实自己的理论水平，提高自身的科研能力。同时，学校也应对教师"减负"，使教师有时间和精力进行教学创新和理论探讨，鼓励教师学习国内外先进的外语教学理念和方法。

高职学生学习英语的目的不是展开研究，而是进行与其业务相关的涉外交际。涉外交际涉及范围非常广，这就要求教师要不断地丰富自身知识，提高自身修养，扩大知识范围。在讲述知识点的同时，培养学生的跨文化交际能力和语言综合应用能力。此外，根据需要，教师在实际教学中还应向学生传授语言以外其他领域的知识。

（3）改革课堂教学模式，培养学生的自主学习能力。高职教育必须突出以学生为主体、以培养学生应用能力为中心的教学理念。教师扮演的角色应该是学生学习的"合作者""促进者""指导者"。要培养学生的英语综合应用能力，教师必须转变其角色与定位，改革现有的教学模式、教学方法、测评体系；应"以学生为中心"，把课堂让给学生，突出学生在教学实践活动中的主体地位，理论联系实际；变学生被动接受为主动，启发、引导以及互动式语言交流，为学生创造足够的语言实践和交流的空间和时间；精心设计课外活动，积极为学生提供自主学习和实践创造的语言环境；充分利用多媒体和现代化的教育技术，开展网络教学，创新教学方法；突出能力测评，要以学生的语言综合应用能力为出发点，建立多元化测试体系。在"以学生为中心"的教学模式中培养学习者的自主学习能力，提高学生实际运用语言的能力。

（4）运用多种教学手段，提高教学效果。近年来，随着科技的发展和计算机的普及，外语教学的现代化手段得到迅速发展，计算机技术和通信技术也逐步进入课堂，尤其是多媒体现代教育技术的广泛应用，对传统课堂教学模式提出了严峻挑战，加速了教学方法和教学手段的改革进程。在教学过程中，多媒体课件使教学更直观丰富，更能加深学生对授课内容的印象，提高教学效果；网络教学体系的丰富性和趣味性更能激发学生的好奇心和求知欲，同时有助于培养学生的学习自主性。英语教师应融多媒体教学、计算机网络教学和传统教学模式为一体，形成立体交互式教学模式。课后，教师还可利用 E-mail、MSN、QQ 等方式与学生交流，解答学生课堂上未能解决的疑难问题。因此，多媒体技术的引入能最大限度地改进教学手段，提高教学质量，满足时代的需求。

3. 认真组织和开展课堂教学观摩、录音录像、研讨反思等教研活动

（1）组织课堂教学观摩活动。课堂观摩就是我们平常所说的听课活动。在观摩其他教师的公开课或常态课时，要重点关注课堂上教与学的过程，分析课堂上教师与学生的交流与合作，反思自己的教学行为。在观摩有经验的教师授课时，要认真学习他们启发学生的技巧和对教材重、难点的处理。教师之间应以"取人之长、补己之短"的态度观摩课堂教学。教师在听课后应积极地反思教学过程，找出优点和不足，为教学提供良好的反思契机。通过对课堂教学的直观反思，英语教师可以真正以科研的态度对待教学，从而走上科研之路，使教师在教学中少走弯路。

（2）观看录音录像。教师可以充分利用现代化教学设备对教学实践进行记录，然后以旁观者的视角，冷静地观察、分析整个教学过程。录音录像是一种生动、直观的反思教学素材，它能够引起教师积极的反思，其反复播放的特点使教师反复琢磨每一个教学环节，注意教学中的细节，更好地反思自己的优点和不足。这种方法最好和教学日志结合使用，观看后及时写下自己的分析、体会。

（3）研讨总结，做好反思。教研室是基层的教学及研究组织。各高职院校应充分重视教研室建设和教学研究，为教师的成长提供浓厚的学术氛围。

教师积极参加教研室活动相当必要。在教研活动中，教师可以畅所欲言，青年教师可就教学中的实际问题向富有经验的教师求教。教研室要坚持开展"备好一堂课，讲好一堂课，评好一堂课"的专题教研活动。这是教师之间互相学习的好机会。

在教师培训过程中，要倡导反思型的教师教育模式，鼓励教师积极开展反思性教学，使其对教学进行批判性思考，积极探索新的教学方式。Doyle 提出了"教师发展过程即教师自我反思、自我更新的过程"的新观点。反思，作为发展教师教育中的重要措施，越来越受到人们的重视。通过反思，教师对教学过程产生洞察力，获取更多教学反馈信息，为进一步改进教学打下基础。

（4）倡导行动研究。所谓行动研究，就是教师采取措施改进自己的教学行为，贯穿于自我质疑、自我解惑的行动过程。在行动研究的过程中，教师主要针对自身某个具体教学环节、教学步骤，通过收集信息（如调查问卷、观摩教学、师生座谈等）发现问题；然后展开研究，找出解决问题的办法；最后实施教学研究计划。教师可以对这一系列研究过程及实施结果进行归纳、总结，并写出行动研究报告。

参考文献

［1］李亚林．高职英语教师信息化教学团队建设路径探析［J］．襄阳职业技术学院学报，2014（1）：56-59.

［2］李佩君．移动应用进入高职英语词汇辅助教学的研究［D］．漳州：闽南师范大学，2015.

［3］刘瑞娜．高职英语教师信息化教学能力的培养探究［J］．人才资源开发，2014（20）：34-36.

［4］杞秀玉．谈培养高职英语教师信息化素养的必要性［J］．科教导刊，2013（31）：21.

［5］莫兼学．高职英语教师信息化教学能力提升途径研究［J］．新课程研究（中旬-单），2016（2）：90-93.

［6］杞秀玉．提高信息化素养肩负起培养应用型人才的责任［J］．成才之路，2013（29）：67-69.

［7］江苏省教育科学研究院．江苏省高等职业教育质量年度报告（2014）［M］．北京：水利水电出版社，2014.

［8］马万顺．构建高职院校发展与生长长效体制的探索［J］．江苏职业教育研究，2015（1）：32-34.

［9］孔繁杰．加强产学研结合，促进亳州市中药产业发展［J］．赤峰学院学报，2013（6）：51-53.

［10］顾坤华．江苏12个省级行业性职教集团发展的思考［J］．中国职业技术教育，2009（33）：67-70.

［11］李振陆．"四化"同步与面向农业农村职业教育［J］．中国职业技术教育，2013（12）：17-19.

［12］高华，马铁川，董天．"任务型"教学模式及其在大学英语教育的运用［J］．中国电力教育，2007（5）：137-139.

[13] 教育部高教司．高职高专教育英语课程教学基本要求（试行）[S]．北京：高等教育出版社，2006.

[14] 古隆梅．简析高职英语教师的专业发展与创新 [J]．吉林省教育学院学报，2011，27（9）：133-134.

[15] 龚亚夫，罗少茜．任务型语言教学 [M]．北京：人民教育出版社，2003.

[16] 黄燕玲．任务型教学中的分层任务设计的可行性研究 [J]．教育观察，2013，4（10）：72-74.

[17] 董金伟．外语教师专业发展的有益方略——《语言教师专业发展：教师学习策略》介绍 [J]．外语教学与研究，2007（2）：157-159.

[18] 甘正东．反思性教学：外语教师自身发展的有效途径 [J]．外语界，2000（4）：12-16.

[19] 卢真金．反思性教学研究述评——从内容分析法的角度 [J]．浙江教育学院学报，2007（3）：1-8.

[20] 魏立明，隋铭才．国外外语教学文献述评 [J]．国外外语教学，1996（4）：38-40.

[21] 熊川武．论反思性教学 [J]．教育研究，2002（7）：12-17，27.

[22] 约翰·杜威．我们为何思维·经验与教育 [M]．姜文闵，译．北京：人民教育出版社，1984.

[23] 章玮．大学英语反思性教学的当下之思 [J]．黑龙江高教研究，2008（3）：166-168.

[24] 左焕琪．英语课堂教学的新发展 [M]．上海：华东师范大学出版社，2007.

[25] 徐华，黄华．"一带一路"战略背景下高职教育国际化路径研究 [J]．江苏高教，2016（4）：143-145.

[26] 张勇．教师问题意识消解因素分析与策略思考 [J]．当代教育科学，2015（2）：45-47.

[27] 张正东．我国英语教学的属性和内容 [J]．课程·教材·教法，2003（5）：34-39.

［28］叶澜．新世纪教师专业素养初探［J］．教育研究与实验，1998（1）：41-46，72.

［29］傅树京．教师发展学校：理念及特点［J］．首都师范大学学报（社科版），2003（5）：115-119.

［30］徐华．高职外语教师在线专业发展的价值取向与制度设计［J］．黑龙江高教研究，2017（4）：126-128.

［31］申继亮．心理学视野中的教师专业化发展［J］．北京师范大学学报（社科版），2004（1）：33-39.

［32］叶澜．学校文化的关键：唤醒教师内在的创造激情［J］．教书育人，2008（8）：15.

［33］陈振华．论教师的经验性学习［J］．华东师范大学学报（教育科学版），2003（3）：17-24，35.

［34］徐华．基于专业发展的高职教师荣誉体系建设比较研究［J］．江苏高教，2017（6）：89-92.

［35］张忠华．论大学青年教师的教学能力结构与发展策略——基于实证的结论与逻辑的分析［J］．中国高教研究，2013（4）：51-55.

［36］梅国平，宋友荔，谢翌．教师发展：学校内涵发展的生命线——基于"江西师范大学教师发展中心"建设的思考［J］．江西师范大学学报（哲学社会科学版），2011，44（4）：33-38.

［37］夏飞，高燕．内源与外源发展：教师专业发展的实践博弈［J］．中国教育学刊，2015（8）：86-91，100.

［38］肖丽萍．国内外教师专业发展研究述评［J］．中国教育学刊，2002（5）：61-64.

［39］赵昌木，徐继存．教师成长的个人因素探析［J］．临沂师范学院学报，2004（4）：62-67.

［40］储小慧．新形势下高职英语教师专业化成长略析［J］．海外英语，2011（5）：124-125.

［41］崔永芹．分层教学与任务型教学法相结合的课堂教学模式［J］．科技信息，2019（9）：612.

［42］戴日新．词块教学法在商务谈判英语教学中的应用研究［J］．长

春教育学院学报，2013（18）：94-96.

［43］戴日新，彭宣红. 以科学发展观为指导——促进高职英语教师的专业化发展［J］. 疯狂英语（教师版），2018（1）：114-117.

［44］方梅. 如何培养高职生的英语学习兴趣［J］. 湖南民族职业学院学报，2016（1）：23-24.